Historical Turning Points in World War II

二战转折史

“霸王”行动

诺曼底登陆战役

主编　石　磊

编委　石　磊　张胜杰　范　虹

郑喜研　梁庆伟　梁风燕

东西战略夹击，德国法西斯灭亡

好战必亡，忘战必危。重温70年前的惊天逆转战

二战普及读物

WUHAN UNIVERSITY PRESS

武汉大学出版社

图书在版编目(CIP)数据

“霸王”行动:诺曼底登陆战役/石磊主编. —武汉: 武汉大学出版社,2014.9
(二战转折史)
ISBN 978-7-307-14425-5

Ⅰ.霸… Ⅱ.石… Ⅲ.美英联军诺曼底登陆作战(1944)—通俗读物 Ⅳ.E195.2-49

中国版本图书馆 CIP 数据核字(2014)第 218983 号

责任编辑:聂勇军　　责任校对:汪欣怡　　版式设计:马　佳

出版发行: **武汉大学出版社** (430072 武昌 珞珈山)
(电子邮件: cbs22@whu.edu.cn 网址: www.wdp.com.cn)
印刷:武汉中科兴业印务有限公司
开本: 720×1000 1/16 印张:12.5 字数:173 千字
版次:2014 年 9 月第 1 版 2014 年 9 月第 1 次印刷
ISBN 978-7-307-14425-5 定价:25.00 元

前言

20 世纪三四十年代发生的那场战争，将世界范围内 60% 的国家拖入战车之中，战火遍及亚洲、欧洲、美洲、非洲及大洋州；战争所带来的血腥杀戮，所造成的巨大破坏，长久渗透在战后人类社会生活的各个方面，给世界人民带来了巨大的灾难，是人类痛苦的总源，这场战争就是第二次世界大战。

战争，是人类矛盾的集中反映，是人类解决矛盾的终极之道。关于战争，有这样一首诗歌："飘溅的血液，嘶哑的呼喊，钢铁和肉体的碰撞，生命与死神的舞蹈，这就是战争，这就是战场。没有丝毫的犹豫，没有丝毫的退让，每一秒都有生命在流逝，回归天地的怀抱，这是一场没有胜者的竞技，只有黑色的大地见证曾经的惨烈……"诚如诗歌所描述的那样，战争意味着惨烈，战争意味着残酷，战争意味着破坏，战争意味着生离死别，战争意味着胜者为王、败者为寇！可是，尽管战争带来的是摧毁，尽管战争带来的是永别，我们却不得不承认，自从有了战争，它就始终如一道黑色的幽灵，与几千年的人类文明史相伴相随。

第二次世界大战是人类有史以来规模最大的战争，无论是战火波及的区域，直接或间接参与的国家，还是生命财产的损失等，没有其他的战争可与其相比。其所造成的冲击与影响，更是全面而深远，值得我们加以关注、反思。尽管大战结束近 70 年，物换新移，时过境迁，但它仍以恢宏的气势、深刻的内涵、丰富的底蕴，磁铁般地吸引着中外众多的军事家、历史学家、社会学家去探究和著述。

研究战史离不开战争本身，据历史学家统计，在整个第二次世界大战中，尽管大型战斗不下 100 次，但真正具有转折意义的战斗则只有 5 次，即“不列颠空战”——德军二战首败；“中途岛海战”——太平洋战场转折点；“阿拉曼战役”——非洲战场转折点；“斯大林格勒战役”——整个二战转折点；“诺曼底登陆战役”——德国法西斯灭亡，欧洲战事结束。由于此 5 次战争的重大性，它实际上又与其他大战紧密相连，透彻了解这 5 次战争，了解这 5 次转折战的背景、产生、准备、战况、结局，就等于把握住了第二次世界大战的内核，了解了整个战争的来龙去脉及整体走势。正是基于此种考虑，我们特邀请军内外一批学有专长的史学专家撰写了这套《二战转折史》。

本套图书可作为二战的普及读物。考虑到现代人的阅读习惯以及阅读时间，本套图书没有像其他同类图书那样连篇累牍地堆砌各种文字，因铺陈详尽从而堆成一本无法读完的“砖头”，而是去除各种无关人物、无关事件，只聚焦战争中最核心的要素、最精彩的部分，对这 5 大战争作冷静、客观的分析与思考。书中既有高屋建瓴的大场面描写，也有个性人物的细腻刻画，将整个战争进程以最精练的文字、最适宜的篇幅完美呈献给读者。

以史为鉴，可以知兴替；以人为鉴，可以明得失。此套图书的出版，无疑也是一本国情教育读物。中国是一个多灾多难的国家，中国曾经参加了两次世界大战，但由于国力的弱小，尽管两次都作为战胜国，但并没有获得应有的尊重，没有取得原本属于自己的权益，甚至作为战胜国还要签订丧权辱国的条约。如今，我们迎来了和平建国的时代，对于饱受战争创伤的中华民族来说，没有什么比和平更珍贵的了。然而一个优秀的民族，必定是一个尊重历史的民族，必定是一个懂得反省的民族，二战中 14 年抗战，对中华民族来说，是永远的国殇，永远的国耻，永远的警钟，永远的反省。它告诉我们一个亘古不变的道理：国力落后就要挨打，放松警惕就要挨打，武备松弛就要挨打！

古人云：国虽大，好战必亡；天下虽安，忘战必危。在第二次世界大战胜利70周年即将来临之际，我社隆重推出此套图书，也是借以提醒一些忘战人士，在当前和平与发展成为时代主题的背景下，战争其实并不遥远，发生战争的危险时刻存在，不珍爱和平是可悲的，但认识不到为了和平必须作好战争的准备更是不可原谅的。只有居安思危，常备不懈，勿忘国耻，有一个强大的实力作后盾，有一个强大的国防，有一支强大的军队，这才是维护和平和发展的最好手段。

历史是一面镜子，本套图书能使读者鉴往知今，同时，也能使读者在阅读本书之时，领悟到“多行不义必自毙”的真正内涵。这也是70年前的那场大战留给你、我、他（国）的最深刻启示。

编　者

2014年9月

目录

第一篇
漫长的第二战场

1939年，欧洲，人类历史上第二次血腥战场，从这里开始。

欧洲大陆的东面，苏联人民艰难地与德国法西斯的军队进行英勇的防御作战，损失惨重，斯大林首次提出在欧洲大陆西面开辟新的战场，形成对法西斯军队的腹背夹击之势。

日本人轰炸珍珠港，终于激起了美国人加入战争的决心，但在美国人的战争经验与实力还不足以主宰战争的时候，英国人的意见显得十分重要，虽然美国人极不情愿。

一、我们一定要回来

1940年，第二次世界大战的第二个年头，法西斯的祸水在欧洲大地无限蔓延。夏天，这股祸水冲击到英吉利海峡。英国这个往昔的巨人，在这股汹涌而来的祸水面前，只有招架之功，而无还手之力，匆忙中让几十万驻法军队海上突围，从敦刻尔克返回英国。

几天之后，法国投降。此时，回首西望，在大西洋的彼岸美国，那些想作壁上观的孤立主义者，正摇唇鼓舌发起一场“美国绝不参战”的运动。遥看东方，苏联靠外交上的纵横捭阖，使自己在日益险恶的国际环境中，还暂时脱身于战争之外。近看大陆，不可一世的法西斯德军，挟胜利之余威，正调兵遣将，准备向英国最后一击；意大利也向英国宣战，趁火打劫，在英国的属地大肆扩张，几乎把英军赶出北非和地中海；西班牙佛朗哥的军队虽还没有公开与法西斯沆瀣一气，但也把军队开进丹吉尔国际共管区，企图用大炮封锁并控制直布罗陀海峡，想在英国的地中海航线上系上链索……

现在，直接与德国法西斯军队抗衡的只有英国了。它从来没有感到这样孤单，如此孤立无援。算算家当：在英伦三岛的陆军中，除了步枪以外，其他新式武器基本没有；海防线上，几乎没有几门反坦克炮和反坦克弹药。有一次，首相丘吉尔巡视多佛尔的圣马利加特湾的海滩时，守备旅长汇报道，他这个旅守卫的海岸线长达四五英里，而且是极其重要的直接面对英吉利海峡的岸段，但是，他只有3门反坦克炮，每门炮只有6发炮弹。事实上，当时全国各种类型的野炮不足500门，坦克不到200辆。难怪希特勒口出狂言：“英国的末日已经到了。”

在这危急时刻，英国人民没有被压倒，丘吉尔于1940年6月4日发表了英国人将决心战斗到底的著名演讲：

> 欧洲大片的土地和许多古老著名的国家，即使已经陷入秘密警察和纳粹统治的种种罪恶机关的魔掌，我们也毫不动摇，毫不气馁。我们将战斗到底。我们将在法国作战，我们将在海上和大洋中作战，我们将具有越来越大的信心和愈来愈强的力量在空中作战。我们将不惜任何代价防卫本土，我们将在海滩上作战，我们将在山区作战，我们决不投降……继续战斗，直到新世界在上帝认为是适当的时候，拿出它所有的一切力量，来拯救和解放这个旧世界。

英国人不仅是这样说，也是这样干的，在英伦三岛、在南欧、在北非、在大西洋，与德国军队展开浴血战斗。

1940年6月的第三周，一个月黑风高之夜，英国的几十名步兵乘救生艇在法国海岸登陆。他们偷袭成功，杀死了几个放哨执勤的德国卫兵，爆炸了几处运输设施，放火烧掉了一座军需品仓库，然后扬长而去。尽管英国本土危在旦夕，英国人还是认准这一条：欧洲大陆，我们一定要回来。

但这不是一蹴而就的。要把几十万部队通过海峡运到敌人重兵防守的西欧大陆，是一项巨大的系统工程。既要有坚定的决心、强大的实力，还要有正确战略、周密计划。客观上讲，第二战场的开辟需要时日；再加之人为干扰的主观因素，使之更为曲折复杂。

1941年6月22日清晨。

苏德战争爆发。

希特勒企图用“闪电战”打败苏联，进行了不宣而战的突然袭击。在苏联人民正浴血战斗中，英国人宣布“我们要给予俄国和俄国人以一切可能的援助”。

据说英国首相丘吉尔当时十分关注德国和苏联的关系问题，当他得知德国正在苏联边界一带集结军队时，欣喜若狂，认为德国进攻苏联已势所必然、指日可待。6 月 22 日是星期日，按丘吉尔的惯例，周末都是在离伦敦一小时车程的索克斯度过，这次也不例外。头一天到索克斯之后，洗过澡，看完随身电影师带来的影片之后，心情舒畅；又与随行而来的艾登等人海阔天空地聊上一顿。同来的美国大使怀南特捎来了罗斯福总统的口信，“支持首相欢迎俄国作为盟国的任何声明”。之后，丘吉尔满身轻松进入自己的卧室休息了。凌晨 4 时，从伦敦外交部打来的电话叫醒了丘吉尔随身秘书科尔维尔，报告说德军已经越过苏联边境，发动大规模进攻。此时丘吉尔仍在梦乡，他曾要求手下工作人员，除非发生德国人入侵英国，否则不要在 8 点钟前叫醒他，所以到 8 点时，丘吉尔才得知苏德开战。

后来埃莫里斯·休斯说道：“希特勒进攻俄国是上帝赐予丘吉尔的礼物，是丘吉尔长期以来所能得到的最好消息。”

苏德战争爆发后，尽管苏联军民拼死战斗，但由于没有正确的战略指导思想，片面地想御敌于国门之外，冒险实行反击进攻战略，结果不但未能将敌人反击出境，反而自己落得节节败退。到 7 月中旬，德军北方集团军群向苏联境内推进达 450 公里至 500 公里，中央集团军群长驱直入达 450 公里至 600 公里，南方集团军群也向苏联境内推进了 300 公里至 350 公里。在德军的整个兵团大纵深突击下，苏军大批部队被分割包围，上百万官兵被俘，大片国土落入敌手，国家危在旦夕。在这紧急时刻，苏军统帅部一方面修改战略方针实行积极防御，死守战略要地。另一方面，斯大林于 7 月 18 日给英国首相丘吉尔写了一封信，提出：“如果能够在西方（即法国北部）和在北方（即北极地区）开辟一个对抗希特勒的战场，那么苏联及英国的军事形势将大大改善。”9 月 3 日，鉴于苏联形势仍在危急中，斯大林再次致函丘吉尔：“我认为只有一条出路，即本年内在巴尔干区域或者法国的某一地区开辟第二战场，以使德国从东线调走三十至四十个师。”这是苏联首次要求英方开辟第二战场，但丘吉尔在回信中只同意提供物质援助，没有答应在 1941 年就开辟第二战场，称：“英国在西方除了采取空中行动外，没有可能采取任何其他行动去迫使德国在冬季以前把军队从东欧调到西欧。”

丘吉尔信中说的是实情，这时让他出兵西欧，确实难为他了。因为自敦刻尔克撤退后，英国人与德国陆海空三军单打独斗，已一年有余，其实力消耗很大，要想在西欧登陆成功需要大量的人力、物力资源。丘吉尔在信中解释道：“你们幅员辽阔，所以不容易理解我们只能在我们的海运线允许的条件下生活和战斗。”确实，英国寓居英伦三岛，是个海洋国家，海洋是其生命线，其过去的战略方针是建立庞大的海军和空军，对德国的主要战略必然是“用空军、海军和经济封锁逐步削弱它”。总的来说，苏德战争爆发，解除了德军进犯英伦三岛的可能，尽管丘吉尔对苏联采取一贯反对态度，但大敌当前，他还是想尽可能救助苏联，他一度想在挪威采取军事行动，他的军事顾问们好不容易才向他证明这件事是办不到的，他才作罢。同样，不容置疑的是，丘吉尔这个大英帝国的忠实捍卫者，为恢复往昔帝国的风范，自然也有自己的“小九九”。

1941 年 12 月 7 日夏威夷时间早上 6 时 15 分。

美国在太平洋上最大的海军基地珍珠港，掩盖在黎明前的黑暗中。周围万籁俱寂，在周末休息狂欢之后，美国海、空军官兵们还沉睡在梦乡。此时，在珍珠港所在地瓦胡岛以北 230 英里的海面上，却忙成一片。日本特遣舰队司令南云忠一已命令 6 艘航空母舰上属第一批攻击队的 183 架飞机起飞了。渊田总指挥座机首先跃入黑茫茫的夜空，紧随其后的是水平轰炸机、鱼雷轰炸机、俯冲轰炸机、战斗机。几分钟后，第一攻击队的机群隆隆作响，在舰队上空盘旋一圈，便朝南直奔瓦胡岛飞去……

早晨 7 时 49 分，火红的太阳已挂在太平洋上空，映照着碧海蓝天。珍珠港东西两侧的山峰上飘动着朵朵云团，而夹在两山之间的军港上空云开雾散，阳光毫无阻挡地洒在静静的港湾。渊田透过座舱看到瓦胡岛上三座机场的飞机都机翼对机翼紧紧排在一起，傻呆呆地停在停机坪上。空防系统的高炮阵地上，了无人烟，几百挺高射机枪，套着枪衣的枪口，胡乱地指向天空。又过了几分钟，渊田的座机已到珍珠港，他的手指压向莫尔斯电码机，发出“托！

托！托！”的命令，全面攻击开始……

时至9时45分，珍珠港上空又恢复了平静，日本飞机离去了。然而，珍珠港却是硝烟烈火，海港水面上汽油仍在燃烧，浮动在水面上的美国海军将士的尸体在燃烧中发出阵阵恶臭，随风飘向各处。重达3.26万吨的巨型战列舰“亚利桑那”号，载着1500名官兵，断成两截早已沉入海底。遭受同样命运的还有“俄克拉荷马”号和“加利福尼亚”号。“西弗吉尼亚”号带着浓烟烈火，正在追随“亚利桑那”号沉去。“内华达”号搁浅，其余3艘战舰“马里兰”号、“田纳西”号和“宾夕法尼亚”号虽没下沉，但都受重创，短期内无法修复。岸上机场中排列整齐的飞机不是被炸毁就是被炸坏，成了一堆毫无用处的垃圾。

一封电报“珍珠港遭袭击，绝非演习”发到华盛顿，珍珠港的爆炸声炸得美国人目瞪口呆，孤立主义者销声匿迹，珍珠港事件使美国总统深感内疚，也激起他满腔怒火。12月8日，罗斯福在国会发表宣战讲话：

> 昨天，1941年12月7日——必须永远记住这个耻辱的日子——美利坚合众国受到了日本帝国海空军突然的蓄意进攻……
>
> 历史将会证明，夏威夷距日本这么遥远，表明这次进攻是经过许多天或甚至许多星期精心策划的。在此期间，日本政府蓄意以虚伪的声明和表示继续维护和平的愿望来欺骗美国。
>
> 昨天对夏威夷岛的进攻，给美国海陆军部队造成了严重损害。我沉痛地告诉各位，很多美国人丧失了生命。此外，据报，美国船只在旧金山和火奴鲁鲁（檀香山）之间的公海上也遭到了鱼雷袭击。……
>
> 不论要用多长时间才能战胜这次预谋的入侵，美国人民以自己的正义力量一定要赢得绝对的胜利。……
>
> 我要求国会宣布：自1941年12月7日星期日日本发动无端的、卑鄙的进攻时起，美国和日本帝国之间已处于战争状态。

太平洋上的炮声表明：美国已全力以赴、义无反顾地投入到第二次世界大战中。美国的加入，极大地加强了盟国的力量。如果说苏联参战，从根本上改变了世界局势和敌我双方力量的对比；那么，美国的卷入，则更加快了轴心国集团的灭亡。

对这一点看得最清楚的是丘吉尔。12 月 7 日，丘吉尔正在索克斯的别墅中与美国大使怀南特和美国特使哈里曼共进晚餐。哈里曼回忆道："首相看上去身心交瘁，整个进餐过程中没有讲多少话，时而抱头沉思。"

晚上 9 时，丘吉尔打开了美国另一位总统特使送给他的一架顶盖可以翻开的小收音机，机内传出 BBC 电台新闻播音员的声音：

"刚刚收到的消息说，日本飞机袭击了美国在夏威夷的海军基地珍珠港。这场袭击是由罗斯福总统在一个简短的声明中向外公布的。夏威夷主岛瓦胡岛上的海陆军目标也遭到攻击。详细情况还没收到。"

听到这个消息，两位美国人都惊呆了。丘吉尔却"恍如大梦初醒"啪的一声把收音机顶盖翻过来关住，并离开座椅站起来，此时，海军部来电话，证实了广播中的消息。

丘吉尔立即拨打越洋电话给罗斯福，罗斯福告诉他："现在，我们是风雨同舟了。"丘吉尔则答道："事情至此简单了。"他接着又给罗斯福总统私人顾问霍普金斯发去一份电报，称"在这历史性时刻，非常想念你"。

丘吉尔的言谈话语、字里行间都流露出抑制不住的喜悦心情。珍珠港事件使得丘吉尔激动得一反常规，无法入睡，他想了许多，他看到了盼头。他自语道："有了美国在我们这边，这对我来说是最高兴的事。我不能预言事件的发展如何，我并不擅自以为已经精确地衡量过日本的武力，但是现在，就在这个时刻，我知道美国已经完全和拼命到底地投入了这场战争，因此，我们最终将赢得胜利。"

苏联参战，虽也使丘吉尔高兴，但心里总是不自在，苏联对他来说是陌生的，苏联的制度又是他所终生反对的，对这一点他也毫不掩饰，今天与苏联结盟，只不过是暂时的；再加上，丘吉尔对苏联的实力估计不足，在强大的德军攻势下，苏联能否挺过这个冬天，能否坚持到底都是个问题。

美国就不同了，本来是大英帝国的属地，现今虽然独立了，但与英国人仍是同文同种，又信奉同一个主义，跪在同一神坛之前。再加上丘吉尔身上流动的血液一半是他美国母亲的，对美国更添一份亲情。他仔细研究过美国历史：他从以小胜大和以弱胜强的美国独立战争、南北战争，看出美国人的力量。他牢记住 30 年前一位名人告诉他的话："美国好像是一个巨大的锅炉，一经在它下面点起火来，它就能够产生无穷的力量。"现在这把火终于被日本人点着了，丘吉尔越想越高兴，越想越美妙。法西斯必败，英格兰危险解脱了，这天，他"睡了一个得到拯救而心怀感激的人所睡的觉"。

二、围歼计划的酝酿

罗斯福在 1942 年 3 月 9 日发给丘吉尔的长篇电报中，提过"在欧洲大陆开辟新战场的计划"，而且还说："我现在对今年夏天建立这个新战场愈益感兴趣。"

以艾森豪威尔为首的参谋部作战计划处经几个月研究，最后定下以"英国为基地发动对欧洲西北部的进攻"。这一计划经马歇尔同意报给罗斯福。

这即是 1942 年 4 月，美国提出的代号为"波列罗——围歼"计划。波列罗指的是：调动盟国所能动员的一切人力、物力集结于英伦三岛；围歼指的是：在 1943 年春季发动横渡海峡的总进攻。这个计划主要是从军事因素考虑的，但政治因素也兼顾到了。从法国登陆，可以满足苏军和斯大林开辟第二战场，吸引德军 40 个师的要求。

为达此目的，作战计划处指出：

"发动这次攻势的决定必须立即做出，因为在许多方面都有必要进行大量的准备工作。在这次攻势发动以前，必须牵制住西欧的敌军，同时还要运用策略，并组织突击，使敌人捉摸不定，这样做的结果会使我们获得有用情报，同时也得到可贵的锻炼机会。

"进攻的联合力量应该包括 48 个师（其中包括 9 个装甲师），英国应该承担 18 个师（其中包括 3 个装甲师），支援进攻的空军需要 5800 架战斗机，其中 2550 架由英国供应。

"问题的关键是速度。如果美国只提供 60% 的运输部队的工具，美国部队可于 1943 年 4 月 1 日前运到英国；如果这次调动完全依靠美国船只，那么进攻的日期必将推迟到 1943 年夏末。"

此外，在该计划中，还附有一个代号为"铁锤"的作战计划，即如果苏联形势危急，美英将在 1942 年 9 月就渡海登陆，打击德军。

1942 年 4 月 8 日，马歇尔和霍普金斯奉总统之令飞赴伦敦，同英国人商议未来的作战计划。

因希特勒马上要发动对苏军的夏季攻势，苏联形势危急，美方想把"铁锤"计划付诸实施。为此，马歇尔向丘吉尔全面概述了"铁锤"作战计划，听完后，丘吉尔满面春风举杯向客人说他"完全赞成这个计划"。

当时商定，1942 年先集中少数英美部队（初定 6 万人）首先在西欧登陆，1943 年再投入大部队大举进击。马歇尔用电报把这一结果告诉了罗斯福。

罗斯福考虑到为使盟国之间更好地协同作战，遂于 4 月 11 日致函斯大林，请他派莫洛托夫和一名将军前往华盛顿，以商讨这一作战计划。

但斯大林觉得，开辟第二战场是英美两国的事，必须有丘吉尔同意，所以打算派莫洛托夫先到伦敦，再到华盛顿。

为安排这次访问，斯大林叫来了新上任的远程航空兵司令官戈洛瓦诺夫，让其调配飞机，制定送莫洛托夫去英国的飞行路线，并叮嘱要严守秘密，说："此事只有你、莫洛托夫和我三个人知道。"

1942 年 5 月 20 日，莫洛托夫登上轰炸机，在炸弹舱中找了个地方，带上氧气管，躺在舱面上，一切准备就绪，飞机起飞了。

这次飞行在极秘密状态下进行，要直达伦敦，要飞越德国法西斯占领的欧洲。飞机飞越德军防线后，地面高射炮火不断，空中不断有德军战斗机袭击，依靠王牌飞行员的高超技术，飞机时而借助云层，隐蔽自己；时而借助操作，时避时闪，终于穿出火网，安全降落在伦敦机场。

莫洛托夫抵达伦敦后，第二天开始与艾登会谈英苏条约问题，并和丘吉尔商谈第二战场问题。第二战场指在欧洲西北部，并能直捣德国腹地的战场。在讨论这个问题时，丘吉尔发挥其滔滔不绝的辩才和丰富的军事知识，大谈空军和海军对陆军登陆的作用、登陆的条件、登陆意义，而闭口不谈登陆时间和登陆军队的规模等具体内容。

美国历史学家菲律后来评论道："丘吉尔表现审慎、含糊。对美国和英国准备在何时何地在西线反击德国的问题，不做具体肯定的回答。"丘吉尔是想等莫洛托夫从华盛顿返回取道伦敦，在美国表态后，他"将根据华盛顿关于这个问题的讨论情况给予具体回答"。

1942 年 5 月 30 日，莫洛托夫在到达华盛顿的第二天上午，便与罗斯福总统及其顾问们进行了正式会谈。会谈中，罗斯福首先向出席会谈的马歇尔和金海军上将介绍了头天下午的初步会谈情况。之后，莫洛托夫谈到第二战场既是军事问题，又是政治问题，希望盟国能尽早实施，而且早实施比晚实施更有力，他并说："如果你们拖延你们的决定，你们将担负战争的主要压力，而如果希特勒变成大陆上无可争辩的主人，那么，明年无疑将比今年更为艰难。"

听完莫洛托夫的叙述，罗斯福表态了，他说："与许多美国人的看法不同，我的看法是必须首先打败希特勒，然后再打败日本。因此，我们准备在 1942 年尽一切努力，以便减轻苏联对希特勒作战的负担。"

然后，他问身边的马歇尔将军，情况是否已经清楚，我们可否告诉斯大林，说我们已经作好了开辟第二战场的准备，将军回答："可以。"

于是罗斯福表示要让美国军人承担风险，准备以 6 个至 10 个师的兵力在法国实施登陆。即使不能保证这次战役将取得胜到，但“为了在 1942 年援助苏联，应该做出牺牲。也许还得经受一次敦刻尔克……”

对美国总统决心在 1942 年开辟第二战场的承诺，莫洛托夫表示欢迎，但他也直率提出美国仅以这么少的兵力进攻欧洲，达不到使德军从苏德战场调出 40 个师的目的，所以认为 6 个至 10 个师的建议是不够的。

双方于 6 月 1 日达成开辟第二战场的协议，6 月 11 日两国同时发表共同声明称：对于 1942 年在欧洲开辟第二战场的迫切任务已达成完全的协议。

三、“借刀杀人”的政客俵俩

1942 年 6 月 9 日，风尘仆仆的莫洛托夫从华盛顿回到伦敦。见到丘吉尔后，向他详细通报了和罗斯福的会谈情况以及罗斯福所提出的行动计划。其实丘吉尔已经知道了罗斯福的打算。在莫洛托夫与罗斯福会谈时，罗斯福就给丘吉尔来了电话说：“我尤其渴望莫洛托夫能就他的使命带回一些实际的结果，并给斯大林一个令人高兴的报告。我倾向于认为，俄国人现在有点儿垂头丧气。”所以，当通报到美国为了开辟第二战场，不惜冒第二次敦刻尔克的风险时，丘吉尔毫不犹豫地说道，他无论如何都不去进行敦刻尔克式的冒险，不管谁建议他这样做。

丘吉尔一方面不同意对欧洲大陆进行敦刻尔克式的冒险；另一方面他又同意在 1942 年开辟进攻欧洲大陆的第二战场。他对莫洛托夫说，1942 年秋天将以 6 个师左右的兵力进攻法国的准备工作正在进行。

双方也发表了一份共同声明，但声明中还附有一份英国方面提出的备忘录，其中有这样一段话：“我们正在为 1942 年 8 月或 9 月在大陆登陆一事作准备”，但是，“……在事前很难说，到时候是否会出现进行这种行动的形势。我们因此无法许下任何诺言”。

之所以如此做，是因为丘吉尔在莫洛托夫到来的前一天，已指示英军参谋长两条原则：“一是除非我们打算留在那里，否则不在法国大举登陆；二是除非德国人与俄国人在作战中再次失利，因而士气不振，否则不在法国登陆。”英国方面早已不打算在当年发动进攻了。

英国之所以同意发个共同声明只不过是使“德国人有所畏惧而已”。

英、美两巨头对开辟第二战场有不同的态度：罗斯福表现积极，要在苏联危急关头，出兵帮苏联一把，即使有风险也要干；丘吉尔则表现消极，开辟第二战场可以，但要等德国人在与俄国人斗争中失败时再动手，整个是一个“借刀杀人”的政客伎俩。罗斯福的积极性也并不彻底，在丘吉尔亲自来访说服下，也放弃了1942年横渡英吉利海峡的计划，并在丘吉尔的鼓动下，制订出进攻北非的新计划。

四、德军身陷苏联战场

1942年9月12日，就在德军进攻斯大林格勒的当天，希特勒在乌克兰文尼察附近的大本营里召开军事会议。他严令德国第6集团军司令保卢斯要不惜任何代价，尽快攻占斯大林格勒，决不能让它成为世人长期注目的焦点。

希特勒早就酝酿着夺取斯大林格勒的详细计划。他命令保卢斯集中兵力于个别地段，突破苏军防线，把守城红军切割成几段，然后压逼到伏尔加河岸边分别围歼。为了实现这个目的，希特勒又从高加索等地调来大批兵力，直接用于进攻市区的就达17万人，拥有1700门火炮、500辆坦克。负责防守市区的苏军（第62集团军以及第64集团军的一部分）只有9万人、1000门火炮、120辆坦克。德军在兵力、兵器方面均占优势。

从9月13日到15日，保卢斯以其优势兵力向斯大林格勒市区的几个点发起连续不断的猛攻。在市区中部，德军占领了市内制高点马马耶夫冈和中央车站，接着渗入市中心区并向伏尔加河中央渡口射击；在市区北部，德军突进了城北工业区，并朝红十月工厂工人射击；在市区南部，德军闯入谷仓区。从此开始了100多天的市区巷战，全市的街道和广场，都变成了激烈搏斗的战场。

9月13日至26日，双方的战斗重心是争夺市中心区。崔可夫将军指挥的第62集团军，在斯大林格勒的城市保卫战中，犹如擎天柱石，捍卫着这座城市的每一寸土地，守护着城市的一砖一瓦、一木一石，不容德军轻易夺去。

朱可夫元帅在一篇文章中回忆道："敌人不顾一切，一步步通过市内的废墟，愈来愈逼近伏尔加河。似乎，人们要支撑不住了。"62集团军指挥所的几个掩蔽部都被炸毁，司令部人员出现伤亡，通信中断。

20日，敌军凭借其巨大优势兵力，不顾惨重伤亡，占领了市中心区大部，并在几个地点冲向伏尔加河边，力图封锁河上渡口。但是，在如此险恶的困境中，被逼到几个孤立据点和岸边狭小阵地上的苏军战士，仍然临危不惧，展开逐屋争夺战，并进行猛烈反击。他们在每幢楼房里层层设防，使每一层都变成牢固的防御据点。德军攻占了底层，还得攻夺地下室；攻占了下层，还得攻夺上层和屋顶。许多红军狙击兵，披上伪装，或隐蔽于地下室，或藏身于断墙内，或暗伏在瓦砾旁，弹无虚发，接连击毙敌人。就这样，斯大林格勒的焦土废墟、残垣断壁就成了到处都是火力网的迷魂阵，德军每前进一步都要付出惨重代价。

在9月13日到26日，德军几乎每天要损失3000人，可是仍然未能占领市区全部，也未能守住通往伏尔加河的道路。

9月底，苏军依然牢牢地守卫着伏尔加河西岸长约25公里、宽约半公里到两公里的阵地。

29日，德军发言人被迫承认："在苏军抵抗面前，困难不能低估，每一码土地我们都是用最大代价而赢得的。"

在市区战斗中，德军付出了惨重代价仍未达到全部目的，便把进攻的重点逐步转向城北工厂区。

■ 苏军拼死保卫斯大林格勒城

9 月 27 日，德军出动 4 个师、120 辆坦克，向红十月厂和“街垒”厂发动进攻，企图由此突破苏军防线，冲向伏尔加河。

希特勒扬言：“我们很快就要拿下斯大林格勒了！”

可是，经过一周激战，德军伤亡惨重，力量难继，只占领了工厂区的一些边沿地方。与此同时，据守斯大林格勒以南的苏军却乘势出击，夺回伏尔加河西岸萨尔帕湖、查查湖和巴尔曼察克湖之间的隘口，为日后苏军大反攻占领了有利的出击阵地。

10 月 14 日凌晨 5 时 30 分，德军投入大量飞机、火炮向拖拉机厂地区只有一公里半宽、几公里长的狭窄地段实施密集轰击，企图造成一条无人地带。轰炸和炮击使第 62 集团军指挥部的地下深处掩蔽所像纸屋一样地摇晃着，并向下塌陷，有不少人为国捐躯。8 时，德军出动 2 个步兵师和 150 辆坦克从这个缺口冲进拖拉机厂，遭到隐藏在废墟瓦砾中的苏军战士和工人的殊死抵抗。经过一场恶战，德军虽于当天午夜凭其巨大优势兵力占领了拖拉机厂，但是却在工厂的围墙内外抛下了将近3000具尸体和40多辆坦克残骸。

崔可夫将军回忆说："10月14日将作为整个斯大林格勒战役中最为血腥、最为残酷的一天而被载入史册。"这一天夜间，"我们用船运到伏尔加河东岸的伤员就有3500人之多。这个数字在城内整个作战期间是最高的了"。"过了这一天以及紧接着的三天后，我们已经知道敌人是无力再发动这样的攻击了；即使我军再次被分割，我们的部队也仍然能屹立在伏尔加河的两岸。"

自从德军于8月下旬渡过顿河以来，苏联军民已在斯大林格勒坚守了2个多月。在此期间，德军同时用10个师和500辆坦克发动的总攻击共有4次，出动2～3个师和200辆坦克进行的攻击有50多次，用一个师和70辆坦克进行的攻击也有50多次，用一个团和20辆坦克进行的攻击有120多次，用几个独立营和连在坦克支援下进行的攻击有1000多次。与此同时，德军还出动飞机10万余架次，向城区投下了100多万枚总重量达10万吨的炸弹。斯大林格勒每一平方公里的土地上投下了将近2000枚炸弹，遭受主要攻击的地面，每平方公里达到5000枚，整个城市已成焦土。尽管法西斯匪徒凶恶猖狂，但斯大林格勒的保卫者依旧奋战在几个坚强的"岛"上岿然不动，把德国的重兵集团牢牢地吸引和牵制在斯大林格勒城内。

10月25日，保卢斯曾电告希特勒：至迟要在11月10日拿下斯大林格勒。但是，德军损失惨重，士气低落，已无力再前进一步。这就迫使希特勒不得不以预感不祥的心理，一反原来的腔调，大吹防御的好处。

11月8日，他打肿脸充胖子，对其党徒们发布指示："我们将确保我们所占有的东西"，"假如敌人要进攻，我首先不愿它停止，因为防御总是比较占便宜，而且，敌人将在进攻中消耗至死"。

希特勒这个战争狂人，从表面上看，雄踞欧洲，虎视全球，是个庞然大物，可是在斯大林格勒军民同仇敌忾、万众奋起的人民战争的抗击下，其实力不断削弱，其根底日见动摇，已越来越变成一个实实在在的泥足巨人了。在苏军统帅部早就精心挖掘好的泥潭陷坑之中，德军欲进不能，欲退不得，越陷越深，必将“消耗至死”！

斯大林格勒保卫战役即将取得决定性胜利。

第二次世界大战的历史转折点即将到来。

五、艰巨的出访任务

新计划背离与苏联达成的协议，为了取得斯大林的理解，有必要向斯大林当面讲清。变化的点子都是丘吉尔出的，自然解释的使命也得由丘吉尔完成。能言善辩的丘吉尔对这一艰巨的使命也有点忐忑了。恰好，7 月底苏联邀丘吉尔和军方参谋长访苏，丘吉尔拉上美国的总统特使哈里曼，取道德黑兰上路了。

8 月 12 日，星期三，清晨 6 时半，丘吉尔一行登上经过改装后的专机 B-24。与丘吉尔比肩而坐的是哈里曼。机内设备挡不住发动机的噪音，两人之间的谈话无法进行，但相互的行为看得清清楚楚。

飞机起飞后，丘吉尔便进入沉思状态。飞机越接近莫斯科，丘吉尔想的也越多。在回忆录中丘吉尔写到：“我反复思量着我到这个悲惨而阴险的布尔什维克国家去的使命。这个国家诞生之初，我曾一度力图扼杀它；在希特勒出现以前，我认为它是文明自由的死敌。现在我要对他们说些什么才算尽到责任呢?”经验丰富、多谋善断的丘吉尔也有点犯难了。思来想去，他决意直接道明真相：“1942 年不开辟第二战场，并且与斯大林面对面地说个明白。”

下午 5 时许，飞机到了莫斯科机场。两个小时以后，丘吉尔与哈里曼等人已经坐在与斯大林对面的克里姆林宫的谈判桌旁。据哈里曼的回忆录透露，第一次会谈历时 3 小时 40 分。会谈最初两个小时的气氛“阴森而沉闷”，“因为丘吉尔‘十分坦率地’说明了为什么在 1942 年不能开辟第二战场”。丘吉尔还说，盟国所拥有的登陆艇只够运送六个师到法国登陆，如要深入腹地足以使俄国人获得好处，那是太少了。在1943年，盟国就会有八倍到十倍之多的登陆艇和一百多万美国部队，而当前只有两个半美国师在英国。盟国正筹划在1943年发动一场大攻势，准备投入27个美国师和21个英国师对付西线的德军。这些师的半数都是装甲师。丘吉尔还十分明确地承认："我充分了解，这个计划在1942年对于俄国是毫无帮助……"

斯大林先是皱起眉头听着，丘吉尔讲完后，便逐点进行驳斥。斯大林也够直率的了，双方言来语往，争执起来。斯大林对丘吉尔所提1942年不能登陆理由不屑一顾，说道："很对不起！我的战争观与阁下不同，不准备冒险，就不能获得胜利。为什么你们这样怕德国人呢？我真不明白。我的经验认为，军队必须在作战中流血。假如不使军队流血，就不了解军队的战斗力。"听到这尖刻的批评，气得丘吉尔血压上升，他回忆道："只是由于俄国人的勇敢，我才原谅这句话。"斯大林又说，他不能同意盟国的观点，但也不能强迫盟国必须采取行动。

谈判虽然困难，但丘吉尔不愧为谈判高手，遣词造句，运用手势、动作都有一套，说到精彩处，也能抓住人心，制造出一点气氛。据哈里曼回忆，在这次谈判中，首相常常是发挥得淋漓尽致。"有一回，他滔滔不绝地讲下去，不是看到他那可怜的译员邓洛普放下铅笔，他还不停止住呢。邓洛普显然认为要跟上首相是不可能的，丘吉尔于是催促他翻译，邓洛普试图追忆起首相所说的话，但他只是结结巴巴地读着自己的笔记。即使在最顺利的情况下，要找出恰当的俄文字来翻译丘吉尔式的英语，也是件困难的事。而丘吉尔又希望斯大林确实一点不漏地都听到，因而死缠着邓洛普。'你把这一点告诉他了吗？'首相碰碰邓洛普的胳膊问道。'你把那一点告诉他了吗？'斯大林见此情况哈哈大笑插话进来：'我不懂你的话，但我喜欢你的精神。'"

这句话使紧张的气氛缓和下来，丘吉尔见状赶紧把话题转到对德国的轰炸上。苏联很欣赏英国人的轰炸攻势，斯大林也来了兴头，说既要炸毁德国人的工厂，也要炸毁德国人的住房。丘吉尔补充道，民心也是一种军事目标。他们两人，你一言，我一语，一会儿，就把德国大部分工业城市从嘴巴上“炸光了”。

双方谈话进一步融洽，丘吉尔抓住这个机会，把话题转到盟军要执行的“火炬”行动上来，便打开一幅南欧、地中海和北非地图，指指点点地说计划是如何制订、战略意图是什么，何时开始、多大规模，能达到什么效果。说到兴起时，丘吉尔顺手拿起一张纸，在上面三笔两下画出一幅鳄鱼图。

丘吉尔是个才子，从母亲那里继承了画画的天赋，早年曾被英国著名画家约翰·利维里收为学生，从政后，也经常忙里偷闲画上一笔，没想到这手艺现在用上了。

借这张鳄鱼图，他说道：“我们在打鳄鱼的硬鼻子时，也要攻击它柔软的腹部。”斯大林听后也来了兴致，说：“愿上帝保佑这个事业成功。”

丘吉尔访苏的目的完全达到了。他说服了苏联人接受了“火炬”计划；第一次与苏联领导人斯大林见面，两人的良好关系已经建立起来了，也了解了苏联人坚决把反法西斯战争打下去的钢铁意志。

六、机会的错失

1943 年 1 月中旬的一天，一位身体健壮、矮胖秃顶的 68 岁老人，在安法海滩上观山望景。安法在摩洛哥首都卡萨布兰卡的南部，这里和煦的阳光与英格兰严冬刺骨寒风判若两重天地。温斯顿·丘吉尔首相相对安静地待了几天时间，观赏巨浪来回拍打海滩的美景。

丘吉尔兴致勃勃地在海水中漫步，巨大的浪潮使他越发感到兴奋，但是他的思维活动很少离开公务，这里的浪潮好像在提醒他，两个月前，乔治·巴顿将军率领的美军就是在这附近登陆的，难怪有那么多的登陆艇和橡皮船连船带人翻到海里。

丘吉尔很少单独在沙滩上散步，总会有英国陆、海、空三军的高级将领跟随着他。因为丘吉尔和他的军事顾问们不是来这里度假的，他们正在筹备一个最富于戏剧性的会议——卡萨布兰卡会议。罗斯福总统和他的随从人员计划在两天内到达，即1月14日。

原来美、英两国首脑计划从1月14日起，在摩洛哥濒临大西洋的海滨城市举行最高级会晤。原计划邀请斯大林参加，但斯大林以冬季战役在进行中，“我连一天也离不开”为理由，谢绝入会。

会议于1月14日开始，23日结束。

在反法西斯斗争形势一片大好情况下召开的卡萨布兰卡会议，处处弥漫着轻松、喜悦的气氛。卡萨布兰卡作为大西洋边的海滨城市，气候适宜，风光绚丽，充满着阿拉伯式的异国情调。会议既是度假，游山玩水；又是办公，决定大计。

据说丘吉尔一直是在大吃大喝中处理大事，每日打球玩牌，自得其乐。罗斯福全家也在卡萨布兰卡相聚，共享天伦之乐，罗斯福还专门抽时间与驻地附近的第9步兵师2万名普通军人见面，并与他们共进午餐。

在会议召集之前，马歇尔念念不忘的依然是他那个1943年横渡英吉利海峡的作战计划。为此，他严令手下新任作战计划处长魏德迈将军制订出横渡英吉利海峡的作战方案，而且一定要详细、合理。

魏德迈不敢怠慢，72小时后，一份翔实计划方案送到参谋长手上，马歇尔读完后，据说满意得直哼哼。

魏德迈建议马歇尔，要严守方案的各个细节秘密，尤其是不让“不友好分子”知道。“不友好分子”特指英国人。魏德迈十分清楚英国人的态度：这些英国人虽说决心要回欧洲大陆，但不是现在，他们对1943年就进行登陆作战，尤其反对。特别是丘吉尔，他只顾打“鳄鱼的肚子，不想碰鳄鱼的头”。如果让这些人太早知晓此方案，他们就会有时间找出种种理由，把这个方案“枪毙”掉。

事情果然不出魏德迈所料，在卡萨布兰卡的会议上，美军首脑们发现，英国人已经知道美国所要提交讨论的计划的细节，并作了充分研究。果然，双方讨论还没有几个回合，马歇尔钟爱的横渡英吉利的作战计划便成为一张废纸。

据魏德迈猜测，这肯定是与马歇尔过从甚密的英国人约翰·迪尔爵士获取了作战计划，并透露出去。此人为英国军队驻华盛顿首席联络官，他和华盛顿的上层军方人士相处得不错，后来成为马歇尔推心置腹的知己。

卡萨布兰卡会议在军事上虽然推翻了美国拟订的 1943 年进攻欧洲大陆的作战计划，但没有取消未来入侵法国的最佳行动。

会议决定：继续在英伦三岛集结美国部队，计划到 1943 年 12 月 31 日集结 93.8 万人，以便最后攻入法国。设立一个新的联合指挥部（COSSAC，盟军最高统帅部参谋部的缩写），立即着手这一重要行动，即以后人所周知的“霸王”战役。

这次会议后，英美两方在伦敦建立了 COSSAC，专门挑选出英国陆军中将弗雷德里克·摩根爵士任参谋长，但最高统帅还尚待任命。

对这次会议的结果，丘吉尔十分满意。盟军的军事活动终于按他的要求集中于地中海地区，下一步顺理成章，就应向意大利或巴尔干地区进攻了。丘吉尔念念不忘的是那个从“鳄鱼的腹部”逐渐发展来的“巴尔干计划”，这一计划包含着政治和军事两重目的：从军事上说，从德国军队的外围打起，逐步推进，这些外围并非是德国防守的重点，花费的代价较少，英国人可少受损失，至于对德战争的主要战场就让苏联人去面对吧。至于政治上，就更有好处了，一旦盟国进入反攻，选择巴尔干地区进军，可直达中欧，能先于苏联人控制中欧，对恢复英国人的势力范围，这可是一条捷径。

以马歇尔为首的美国军方人士，对会议又一次推迟横渡海峡攻击欧洲大陆计划而闷闷不乐。美国人也自有其打算，但此时，自己的军队还没有多少战争经验，军队还在扩编之中，假如跨海峡作战真的在 1942 年或 1943 年进行，担任进攻主力的将是英国军队，所以还不能强迫英国接受自己的建议。

在苏德战场正浴血奋战的苏联人，听到第二战场开辟的时日又推到一个未定的日子，则十分不满。本来，马歇尔按原计划在会议结束后，要专程去莫斯科，通报会议的结果。斯大林听说横渡海峡作战方案已被英国人否定，便索性通知马歇尔也别到苏联来了，取消了这次访问，他进而向罗斯福和丘吉尔电诉其不满，说盟军的北非行动绝没有使德国人抽调一些师团离开苏德战场，反倒由于盟军在突尼斯进攻缓慢，却让希特勒得以把 27 个师调到东线，更加重了苏联的困难。

其实，从英美军队的当时实力看，虽然在 1942 年或 1943 年在欧洲实施大规模登陆突击有一定困难，但也不是克服不了的。“铁锤”行动如要决心进行，送 5 ~ 6 个师到欧洲大陆，占据一个桥头堡，则完全有这个能力。

1942 年 11 月，盟军在北非登陆成功，13 日，斯大林答复美联社记者亨利 · 卡西迪所提出的问题时曾说过：“非洲战役再次驳倒那些断言英美领导人不能组织重大战役的怀疑论者。横渡大洋成功地登陆北非，迅速占领港湾和大片土地，以及如何巧妙地击溃意德联军，像这样一些重大的作战行动，只有第一流的组织者才能实行。”这些话表面上是赞扬北非战役的成功，但实质则是说，百万盟军成功地在北非登陆证明，他们完全有能力穿越英吉利海峡，登上诺曼底的海滩进行类似的攻击，他们所缺乏的只是在西线出击的意志而已。

据德国当时海岸防御专家、德国海军中将弗雷德里希 · 卢格的观点：“同盟军本来完全能够在 1942 年以较小的兵力在法国建立一座桥头堡。”当时“德国大部分陆军和空军正在东欧作战，消耗了巨大的人力和物力，而在西欧只留下了 33 个步兵师（其中有许多正在进行训练）和一些缺乏战斗力的空军与海军部队（潜艇部队除外）”。当时的“大西洋壁垒”还徒有虚名，海岸防御工事很不完善，“许多火炮很旧，且无防护设备，匆忙凑合起来的炮手也没有受过海上目标射击训练”。

机会再次被错过。

七、开辟第二战场的决定

1943 年，美国的扩军计划在加速进行。“民主国家的兵工厂”源源不断地把飞机、坦克、大炮运到世界大战中的各个战场。装备整齐、年轻气盛的美国军人整师、整团登上运兵船，像定时航班一样运到北非大漠，送到英伦三岛。

为协商英、美两军在北非战役后的军事行动，丘吉尔又上路了。这次是去华盛顿，在白宫召开英美高级军政首脑会议，会议代号“三叉戟”。

5 月 4 日，豪华邮轮“玛丽皇后”号载着丘吉尔一行和5000名左右德国战俘离开英国。为此目的，英军对邮船进行了改造，在主要舱面设置首相的办公室、会议室、地图室、卧室，并与其他舱面隔开。为掩盖船上贵客的身份，以迷惑敌人，特工人员费尽心机，在船上贴了一些荷兰文写的通告，说是荷兰女王威丽明娜及其随行人员乘船到美国旅行。船内各上下通道都专门修建了残疾人轮椅专用斜坡道，暗示该船从美国返回时，美国罗斯福将乘此船访英。按丘吉尔的逻辑是传说愈多，就愈安全。果真此行还算安全，德国潜艇没有找这艘船的麻烦。

第二天晚上，有一艘德国潜艇在此船前方约 24 公里处穿过，没有理睬这个庞大的邮船。

不过这潜艇也让丘吉尔紧张一阵子，想到有掉到水里的可能，他和哈里曼打趣道：“如果一个人掉到水里，而他们又没法把我捞上来，那也许是不太妙的。”

5 月 11 日，邮船抵达大西洋彼岸，丘吉尔一行人乘车到华盛顿，参加为期两周的“三叉戟”会议。

5 月 12 日，会议正式开始。丘吉尔由于突尼斯战争的胜利而精神振奋，表现出一副从未有过的浑身轻松状态。在会上他侃侃而谈，他认为现在已经看到了“胜利的曙光”，因此还要加大力度，打击“欧洲的下腹部”，要大规模渡越亚得里亚海，打进巴尔干。

但此时的美国人已是兵强马壮，不甘心听命于丘吉尔。

马歇尔和他的手下参谋们，完全从军事目的出发，希望尽快结束战争，要对希特勒的最后老巢施以致命的一击，决意要在 1944 年渡海，掀起横扫欧陆的狂飙。丘吉尔“花里胡哨”的语言，再也欺骗不了他们了，丘吉尔把进攻巴尔干的好处说得“天花乱坠”，马歇尔及其参谋们也不为所动。罗斯福也完全支持马歇尔的主张，在会议上要求把盟国的主要力量用于横渡海峡、进攻法国的重大行动中。

这项行动在这次会议上被正式定名为“霸王”行动，这是苏联从 1941 年以来就要求开辟的第二战场。

据霍普金斯记载，横渡海峡作战行动的日期定于 1944 年 5 月 3 日，开始的进攻由 9 个师负责（其中两个师空运），在拿下桥头堡时，立即有 20 多个师配合行动，进入桥头堡。4 个美国师和 3 个英国师将在 11 月 1 日之后由地中海调去，参加“霸王”行动。然后，以每月 3 个至 5 个师的平均速度，由美国本土不断地调出美国的部队。

久拖不决的第二战场至此有了眉目。

八、“霸王”作战计划

“玛丽皇后”号超级邮船又出行了。

1943 年 8 月 4 日晚，丘吉尔及其随行的两百多名各级官员登上停泊在克莱德湾的巨大邮轮上，启程前往加拿大魁北克，参加代号为“四分仪”的盟国最高级会议。这次会议的重点是审查和讨论“霸王”作战计划问题。

“玛丽皇后”号在大西洋破浪而行，周围环绕着几艘重型巡洋舰，执行着安全警戒和对外联系的任务。大西洋上德国的势力几乎像浪潮一样消失了，再不用担心德国人的潜艇攻击了。丘吉尔一行在船上享用着战前的伙食标准，白天呼吸着海洋上的新鲜空气，沐浴着阳光，气氛轻松，晚上和其他空闲时间则考虑着未来的作战计划。

航程漫长，行期五天。丘吉尔有时间好好地准备在会议上要讨论的问题。为配合魁北克会议，盟军最高统帅的参谋长摩根中将特派几名军官上船，向丘吉尔汇报横渡海峡计划制订情况。

在第二战场的开辟问题上，丘吉尔力主否定了美国的“铁锤”计划，把横渡海峡的时间从 1942 年拖到 1943 年，1943 年又改变到 1944 年。在“三叉戟”会议上，他虽同意 1944 年 5 月 1 日发动“霸王”战役，但同时又提出几个附加条件：只有英美部队必须赢得无可争议的空中优势，而且还必须决定性地击败德国潜艇，然后才能成功地进攻法国。而这些条件当时还不具备，这就为丘吉尔进一步做出延期实施登陆计划留下了借口。丘吉尔看到不能直接反对美国关于横渡海峡的建议，他又玩起间接策略，含糊同意，实质拖延。

是不是丘吉尔对重返大陆不感兴趣，根本不打算如此做呢？公正地说，丘吉尔也是决心重返大陆的，从心里来说并不愿意放弃“霸王”计划。他从 1940 年起，就不断派小股部队偷渡到大陆进行骚扰破坏，实行打了就跑的战术，特别在 1942 年还进行了正面登陆的尝试。

为了检验英国人所发明的各种新式登陆器材，为了间接减轻英国军队在阿拉曼附近的困难，丘吉尔命令盟军约一个师的兵力，于 8 月 19 日清晨，在法国塞纳河口东北约 80 公里的小港口城市第厄普地域强行登陆。在强大空军和舰艇编队的支援下，几千人在第厄普附近四个地点登上法国海岸，但当地德国人的防御也很顽强，登陆战异常激烈，盟军不敢贸然把预备队全部投入战斗。激战几日后，登上大陆的盟军寡不敌众，大部分被德军消灭，少部分退到船上，还有一千多人当了俘虏，几艘军舰被击沉，损失飞机达83架。

德军迅速而有效的反击给丘吉尔留下很深的印象，他认为攻取敌重兵守卫的滩头阵地并不容易，即使能够占据整个滩头阵地，也不易向纵深发展，很可能重蹈第一次世界大战中阵地战的覆辙。当务之急是把英国那本已有限的人力和物力资源保存下去，绝不贸然投入到没有把握的横渡海峡的冒险活动中。为达此目的，丘吉尔实施的是“紧缩包围圈”的战略：他紧盯着“欧洲的下腹部”，即“鳄鱼的软肚皮”；他要靠海、空军削弱德国的战争潜力，陆军则从外围入手，利用一切可能出现的机会，随机应变地处置各种事情。这些不仅是丘吉尔的“得意之策”，也是英国军方的战略指导思想。对于一个资源与其世界范围的利益早已无法适应的国家来说，他也只能采取这种策略。

美国就不同了。美国的资源太丰富了，要人有人，要物有物，以致美国人的军事传统，就没有以弱胜强这一说。美国人强调的是实力，在实力思想的支配下，别人有的，我们要有；别人没有的，我们也要有。飞机要比敌人的飞机更多、更有威力，坦克、大炮也不例外。在这种实力思想的支配下，美国的军事传统讲究的是按一定计划把仗打到敌人那里去的政策，而且要直接打敌要害，攻其老巢。

美国的军事传统落实到行动上，突出的是军事计划人员的作用。美国的军事指挥官很少是连、营、团等一级级爬上来的，任命时很少看你过去的战斗经历，指挥过多少军队，主要看你计划、管理能力和相应的学历。马歇尔作为美国参加第二次世界大战的主要领导者，1897年入弗吉尼亚军校学习，当时他只有16岁。1914年第一次世界大战爆发时，马歇尔33岁，是一个当了12年军官的中尉。他在法国参战期间，被美国远征军总司令相中调到参谋部工作。在第一次世界大战中，马歇尔连一个营的兵力都没指挥过。第一次世界大战结束后，他于1924年到中国天津，在驻天津的美军第十五步兵团长没到任之前领导该团。在几个月内，他把该团管理得不错。他在中国任职时，正赶上中国军阀混战。东北军阀张作霖把劲敌吴佩孚赶出北京，马歇尔秋季到天津后不久，吴佩孚的十万散兵游勇开始涌入天津。

如何对待这些散兵，对马歇尔是个考验。让散兵随意游动，进入天津，则可能造成混乱。因这些人有的是劫持火车而来，有的是坐汽车而来，也有的是靠骑马、骑骡、徒步而来的。这群大兵饥肠辘辘，衣衫褴褛，他们虽无粮草，却不乏武器弹药。马歇尔命令部队要保持戒备状态，要保护好租界及在华公民和财产，但驻华部队不得同中国人发生冲突。怎样能防止这些怒气冲冲、忍饥挨饿的散兵不造成事端，又不与他们发生正面冲突？马歇尔思来想去，终于悟得一法。他下令调运本团给养的一部分，并到城中粮店买了一部分粮食运到天津郊外各路口、车站、码头，并设岗，由一名下士和五名士兵把守。马歇尔特别交代道："向他们（散兵）讲清楚，他们交枪，我们给饭。不交枪就别吃饭。"

此招特灵。那些北洋军阀手下的乱兵们见到路边供应的米饭、熬白菜、茶水，再也坚持不住，纷纷把武器弹药交出，换取一顿饱饭。溃败的大军被如此乖乖地缴了械，没有一兵一卒带枪进入天津。马歇尔的此番举动也受到上级的表扬，但也仅此而已。两个月的代理团长期满后也没能自动转成正式团长，新任团长来了，他只得交权了事。

到任美国陆军参谋长时，在马歇尔的履历表上，他的基层任职情况只不过是当了几个月的代理团长，后来在美国最大的步兵学校本宁堡任过一段副校长，但这些简单的经历和少得可怜的战争经验没有妨碍马歇尔成为军事战略家。

第二次世界大战中盟军的另一高级指挥官、盟军最高统帅艾森豪威尔甚至就没在基层呆过。他 1926 年在美国参谋本部学院毕业后，几乎一直在机关工作。

艾森豪威尔虽然从军多年，但从未到前线打过仗，是多年的参谋、计划工作造就了他，使他成为第二次世界大战中著名的战略指挥家。

以马歇尔、艾森豪威尔为代表的军事领导人，尽管具体战争经验很少，但他们善于学习，不受旧式战争框架的限制，勇于接受新事物，能把美国的经济潜力，转化为战争实力，并在新的战争形式中实现出来。在这一点上，他们继承和发扬了美国的军事传统，最早提出横渡海峡攻入欧洲大陆计划的基础，就是依据美国的战争潜力做出的。

先是在战略思想上摆正美国的位置。当时与轴心国交战的苏联、英国、美国三方，只有美国可随意选择攻击的敌人。如果美国当时全力以赴立刻去抗击日本，就会使盟国的力量分散，所以，美国计划把力量的重点放在抗击欧洲的敌人，放在打击德国上，目的是明确的。

把这一目的作为一个原则是容易的，但要把这一目的通过具体计划实现出来，并得到盟国各方的一致赞同，则困难得多。

马歇尔及其手下的作战处曾为此作过周密的考察，要为美国部队选择一条准确的作战行动路线，以便最有效地把美国的潜力用来对付德国人。

把美军用于苏联战线一侧是一种选择，但现实上没有可能性。当时通过苏联的路线只有两条，而且都很漫长，要走迂回、曲折的路才能到达苏联前线：北线要经过北大西洋、冰岛，才能抵达摩尔曼斯克，这一条线上德国潜艇活动猖狂；南线则要折过好望角驶向波斯湾，路途遥遥。

把美军用于地中海区，使之成为对德发动主攻的另一个战场，这也是一种选择。但当时的地中海并不风平浪静，地中海东部对盟国来说是个禁区；马耳他岛虽在英军手中，可不断受到围攻，压力越来越大，从西西里和意大利起飞的轴心国飞机经常光顾这里；如果马耳他起不了作用，从直布罗陀直接进攻意大利和西西里的任何企图，肯定失败无疑，因为进攻部队得不到防御性的空中支援，直接暴露在敌人以陆地为基地的空军袭击下，无法登陆，必然葬身海底。

让美军通过挪威、西班牙和葡萄牙发动进攻也不失为一种选择，美军计划部门也进行了周密的研究。因这些地区没有盟军的空军基地，超出了以英国为基地的战斗机航程之外，单靠海军火力掩护不能奏效，很快这一方案也被排除掉。

再一条进攻德国的路线是从英国出发直捣德国腹地。这种选择，最符合美国人紧盯目标不计其他的军事战略，最具大刀阔斧、致敌要害的作用。这种选择，得同时考虑到集中兵力的需要、抵达德国中心的距离、对难以通行的险要地形的迂回以及扩充兵力的进度等多种因素。

这种选择虽具一定的风险和困难，但并非办不到，以艾森豪威尔等人为首的计划制订者们，从军事武器的发展中，看到新的作战方式在未来战争中的重要性。他们提出一种新的战略思想和作战方式：陆空一体战；海陆空一体战。

飞机作为武器进入战争已几十年了，舰船作为武器运用于战争都几个世纪了，各自的优势前人作了好多研究，新理论也各有特色。

历来这些武器的使用都有自己的范围。飞机属空军，舰船归海军，分属不同兵种，各自为战，你打你的，我打我的。德国人是这样干的，苏联人也不例外。英国人虽有改进，但也未逃出此框架。

美国人就不同了。作为一个年轻的民族，他们没有历史的重负，很有些想象力，有一种不断探求“新大陆”的精神，他们提出了崭新的“一体战”的理论。

> 一个地空协作单位的作战效果是两个单独军种的作战效果的几倍。
>
> 地空协同作战的结果不但彼此不会受到制约，反而会使空军基地不断地向前推进，并把战略轰炸效果与地面部队的战略任务联系起来；因此，空军不断协助地面部队向前推进，不但有利于空军进行远距离轰炸，而且选定目标的摧毁将为战胜纳粹做出更加直接有效的贡献。

艾森豪威尔如是说，虽枯燥，但有内容。

有此新观念，又有美国的潜力，一幅反攻大陆的蓝图拟就了：“海陆空一体战”，在“大西洋壁垒”上打个大缺口，捣毁德国人老巢。

1942 年，马歇尔就坚信，打败德国，唯有此招。

现在是 1943 年 8 月，马上就要跨入 1944 年了。虽说 5 月份的“三叉戟”会议已确定“霸王”行动的日期，但与丘吉尔打过几次交道后，马歇尔深知对方念念不忘的还是那个“巴尔干计划”。此次魁北克会议谁知丘吉尔又会提出什么新理由，再一次拖延渡海时间。

“我们不能再等待了”，马歇尔对其手下的参谋们说。很快美军方已统一意见，一致同意在 1944 年渡海，大战一场，将纳粹一举消灭在欧陆。

军方统一意见后，马歇尔想到还要做总统的工作，和总统统一意见。可总统此时不在华盛顿。

1943 年 7 月 30 日，一个炎热的夏天的晚上，总统乘他的那个专列，前往加拿大安大略省的伯奇伍德去避暑度假了。

伯奇伍德位于乔治安湾，风平浪静，气候凉爽，风景宜人，是避暑的胜地。8 月 1 日，罗斯福抵达乔治安湾，登上美国军舰“威尔麦特”号。舰上已为总统准备了捕鲸船和汽艇，军舰把总统送到麦雷格戈湾去钓鱼。在一周时间内，白天，他们呼吸着新鲜空气，沐浴着阳光，自由自在地在海上垂钓，轻松而愉快。晚上，总统回到专列上，处理来自美国和世界各地的电文，与手下的顾问班子讨论战争总形势，紧张而热烈。

8 月 9 日晨，精神和体力都得到恢复的罗斯福返回华盛顿。

得此消息后，马歇尔便驱车直奔白宫，商议美国代表团在即将举行的英美魁北克会议上应当采取什么立场。

身着戎装的马歇尔一进白宫的椭圆形办公室，见罗斯福已坐在桌后，手夹着雪茄，双目微闭，正沉思着什么。

马歇尔寒暄几句，便切入正题，把丘吉尔对“霸王”计划的疑虑，及美军方的打算和盘托出……

罗斯福完全赞同参谋长联席会议的意见，对马歇尔说：

“我完全不希望直接或间接参加巴尔干的战事，而且也不同意盟国远征军在这个地区登陆，因为这将要求美国提供新的资源——舰只、登陆艇，这些东西都是其他战役所必需的。”

总统和参谋长的意见完全一致。

8月11日，美国陆军部长史汀生拿着一封亲笔签名的正式信函来到白宫，亲手交给了总统。他刚到伦敦和北非转了一圈，通过与丘吉尔的会见，以及与艾森豪威尔会商，得知丘吉尔正不断催促艾氏在地中海放开手脚，在意大利大干一场。这些会谈使史汀生认识到，丘吉尔是个难对付的人物，有可能在“四分仪”会议上重谈“巴尔干计划”。

在信中开头，史汀生就做出结论说，在英国人的指挥下，盟军不可能期望跨过海峡，与德军进行决战。史汀生认为，在达达尼尔海峡和敦刻尔克的经历已把英国领导人吓坏了，他们不敢在欧洲大陆上实施登陆作战。他们只会对“霸王”作战计划表面上说说赞成之类的话，但骨子里却没有决心和热忱。

史汀生信中说的另一点是，英国人确实认为没有必要在法国北部集结英美两国的大量军队。他们的想法是，在意大利北部、东地中海地区、希腊、巴尔干地区和罗马尼亚实施一系列消耗战，即“零打碎敲”，德国就可被打败。

最后，这位部长也毫不客气地给他的上司出了道难题：

> 所以，我认为是你下定决心的时候了，在我们所面临的欧洲战争的最后阶段，你的政府应该担负领导责任。我们不能在没有把握的情况下开始这种最危险的作战行动。大约在两年以前，英国方面主动提出由我们来指挥。我认为我们现在应该接受这一提议，如果必要的话还应坚持下去。

在信的结尾，史汀生认为唯有马歇尔才能承担起统率进攻欧陆盟军的领导责任。

罗斯福饶有兴致地听他讲述完北非之行，又认真仔细地读完他的信，然后，一字一顿地说道：“我也得出了同样的结论。”

美国方面很快统一了思想：

军事战略方针上，盟军在意大利的推进不能超过罗马，主要进攻重心应放在欧洲西北部；进攻欧陆时，美军在联合王国的兵力应该超过英军的数量，这样，顺理成章，美国人应当担任整个盟军的司令官。只要美国人当上司令官，就可不受丘吉尔那“古怪”想法的左右了。

美、英双方各自经紧锣密鼓的准备后，魁北克“四分仪”会议于1943年8月14日上午9：30正式开始。

会议主持者、英军参谋总长阿兰·布鲁克爵士首先讲了英方对未来战争发展方向的看法，其中心是坚持继续扩大意大利战役的立场。此番意见激怒了美方金上将，以致使其出言不逊，双方争吵起来。马歇尔出面平息了两人的争吵后，着重谈了美军明确反对在地中海地区进一步承担义务。会议一开始对意大利战役在整个战局中的影响产生了分歧。

第三天，联合参谋会议进一步讨论意大利战役和“霸王”战役。会议进展不大，双方各说各的。

8月17日，罗斯福乘其防弹装甲专列抵达，同车到达的还有丘吉尔。丘吉尔于8月9日乘船到达哈利法克斯港，乘车抵达魁北克后，又于8月12日到海德公园与罗斯福会晤，并准备在罗斯福寓所小住两天。

在去海德公园的旅途上，丘吉尔携妻参观了举世闻名的尼亚加拉大瀑布。

8月18日，美英参谋长们继续开会，一方面，各自首脑已亲临此地；另一方面，参谋长会议收到海军部门提供的一条令人鼓舞的消息：盟军在大西洋对德国的潜艇战中取得了巨大进展，已基本消除了德国潜艇的威胁。潜艇作为摧毁性水下武器曾严重威胁到大西洋航线的安全，而大西洋航线是盟军的生命线。现在，英国人对大西洋航线的安全不再担忧，这多少也鼓舞英军参谋部门。在这天的会议上英国人作了一些退让，不再强调地中海战役。

8月19日，丘吉尔和罗斯福亲临会场，参加联合参谋长会议。

在这次会议上，除讨论欧洲战场行动方针外，还讨论了亚洲与太平洋战场的形势，达成任命英国蒙巴顿勋爵接替韦维尔陆军元帅为东南亚战场盟军最高统帅的意向。

8月23日和24日，是会议的最后阶段。丘吉尔考虑到整个形势，特别是苏联红军于8月份结束了库尔斯克战役：这是第二次世界大战中规模空前的坦克大战，苏联红军以不可阻挡之势，彻底摧毁了德军赖以起家的精锐装甲兵团。此战标志着苏德战场的主动权已完全转入到苏军手中。“如果说斯大林格勒的会战，预告了德国法西斯军队的覆灭，那么，库尔斯克的会战，就使得它已经处在覆灭的边缘。在这种情况下，英、美盟军再拖延第二战场的开辟，苏联红军单靠自己的力量就能打败德国、占领欧洲，如此一来，美、英战后很可能失去欧洲。

有鉴于此，丘吉尔同意了美国的主张。这次会议决定“霸王”作战是1944年的主要任务，在人力和资源的分配和使用上，首先应满足“霸王”战役的需要，以确保这次战役的成功，然后再考虑地中海战役计划。

会议批准了盟军最高统帅部参谋长摩根中将领导的计划参谋部制订的登陆作战纲要，同意把作战开始日期定为1944年5月1日，并授权摩根将军着手拟定详细的行动计划和进行全面的实际准备工作。

“霸王”战役总指挥的人选问题也被提上会议议程，并决定由美国人担任，地中海的指挥权为平衡起见则交给英国人。

美国军事家们在会议上提出，在法国北部实施大规模登陆作战的同时，在法国南部也进行一次牵制性登陆，这一被最后定名为“龙骑兵”的议案也通过了。

英、美的军事参谋们在会议期间还讨论了登陆中的人工码头的设计和制造问题，好多美、英发明家异想天开的杰作，被送来进行鉴定。

其中有一项称作“哈巴卡克”的设计，这是英国蒙巴顿勋爵部下派克里特先生提出来的。他的设想是用取之不尽的水，添加上某种混合物，再结成冰。它的面积很大，可以当作飞机跑道、人工码头。这种结构外形设计得像一只船，其排水量有一百万吨，其上安装动力设备，能缓慢地在大洋上自行运动，并配有防空自卫武器、修理车间，为防止冰混合物融化，还设有一座小型散热工厂。

这项设计之出人意料之处是将某种数量的各种形态的木浆，加入到普通的海冰之中，由此产生的混合冰，可以改变一般冰块的易碎性，而变得极其坚韧。这种冰在融化的时候，木浆等纤维质很快形成一层毛茸茸的外层，那外层是个良好的隔热层，能大大延迟冰的融化。

这种混合冰以发明者的名字命名为“派克里特”。一块预备好的、高约三米的“派克里特”从冷藏车中搬到会议地点，要当众试验，与另一块同体积的普通冰块比试高低。

试验由联合作战部首脑蒙巴顿主持。

他拿出一把形状特殊的砍刀，邀请在场的大力士把每块冰砍成两半。所有在场的人一致推举阿诺德，他力大无比，臂力过人。阿诺德也当仁不让，脱掉外套，走上前来，挽起衬衣袖子，拿起砍刀，抡圆了砍将下去，只听“咔”的一声，那块普通冰块裂成两半。

在众人高叫“好”“好”的欢呼声中，阿诺德转过身笑笑，双手交叉着，活动一下十指，然后又拿起砍刀，走向那块“派克里特”。照样抡圆了砍刀，当砍刀接触“派克里特”的一刹那，一声痛苦的大叫从阿诺德嘴中同时传出，刀也滚落到地。再看“派克里特”却纹丝不动，阿诺德的双臂却被震得疼痛不堪了。

接着，主持者蒙巴顿招呼众人后退几步，只见他从衣袋掏出枪来，“咔嚓”一声，子弹上膛。他准备用子弹来检验“派克里特”抵抗枪炮的能力，这就使表演达到高潮。人们屏息静心，眼盯着试验品。

“砰”的一声，普通冰块枪响过后变成碎块。再推上子弹，蒙巴顿又瞄准“派克里特”开枪，这种冰块不愧是新发明，竟坚硬得把高速子弹弹了回来，从空军元帅波特尔身边穿过，差点打中了他。

这次会议开始时，美、英参谋长们在某一问题上发生争论，每一方多达二十余人的工作人员作为惴惴不安的听众，在一旁两眼发着亮光，一声不响地看着自己的长官和对方争吵。此事引起会议主持者的注意，他便下了逐客令，把那些高级工作人员赶出会场，让他们到会客室待命。

这些人对会议后来进行的试验一无所知，只得在外面耐心等候，到听到砍击声和阿诺德的呼痛声，早已惶恐不安了，以为双方动手了；等到再听见了枪声，更感到胆战心惊，其中有一个军官大声喊道："天哪！他们现在开枪了！"

九、"巴尔干计划"的夭折

美国人靠其日益增长的军事实力，靠军方领导人的坚持，靠罗斯福总统的支持，在魁北克会议上达到了自己的目的：取得了盟军最高统帅的职务，确定了"霸王"行动日期。

会议结束后，罗斯福十分高兴，特意邀丘吉尔来到自己的海德公园家中作一次悠闲的访问，想顺便进一步沟通两国的关系，弥补一下丘吉尔目的没有达到的失意情绪。

海德公园的美景，赫德森海的恬静气氛为两人相处提供了适意的自然环境，但这两人却无暇顾及这些，代之而起的是唇枪舌剑的交锋，唾沫横飞的辩论。也难怪，一位是昔日"大英帝国"的卫士，另一位是新兴巨人的统帅，两人碰到一起，像不同轨道上的车，没有不发生摩擦的。

一次，罗斯福口中吐出一个特别富于想象力的想法，激起了丘吉尔轰雷般的抗议："这会损害大英帝国的利益。"

看到丘吉尔咆哮如雷，罗斯福很是得意，便故意轻描淡写地说："大英帝国不再存在啦，它不过是你想象中的东西，我的前海军人员。"

丘吉尔把头一摇，善意地放声大笑，承认对方切中要害。接着话题一转，大谈起他那崇高的帝国责任的观念来。印度是一个微妙的问题，因为这块庞大的英国殖民地现在造反了，已经半公开地反对英国的统治。然而在他们为印度问题争得不可开交时，谁也顾不上什么微妙了，这次该轮到丘吉尔得势了。当争论进入白热化时，他按捺不住从椅子上站起来，问道："你是否想要印度？"

说着，他摊开双手，好像托着那个巨大的国家，跑到总统跟前，一边把双手递过去，一边说：“喏，拿去吧！”

两者的距离在争论中拉近了。

丘吉尔在海德公园做客一段时间后，又来到华盛顿，在此进进出出达三个星期。9月6日，丘吉尔驱车到马萨诸塞州的哈佛大学接受荣誉学位，仪式相当隆重。校方千里搜寻，从普林斯顿借来一套深红色的长袍礼服，据说丘吉尔当年在牛津大学，就是穿这种样式的礼服，拿取法律博士学位的。

穿着礼服，接受荣誉学位后，丘吉尔兴致勃勃作了即席演讲。在演讲中他慷慨陈词讲了在这次战争中原先不太顺利时，所不敢讲的话：

> 这份共同语言的礼品是无价的遗产，它有可能在某一天成为共同公民的基础。我老喜欢想英国人同美国人可以自由地来往于各自广阔的家园，而彼此都不认为对方是外国人。

两国人民在遥远的将来似乎要成为一个国家中的“共同公民”，这句话比空谈友谊更动听。丘吉尔公开大谈与美国的血缘之亲，并没有阻挡他一心要复活大英帝国的“活思想”。

这期间，英军和加拿大军队在意大利本土登陆了，克拉克指挥的美国第五集团军也在萨拉诺上了岸。在盟军强大兵团的压力下，意大利投降了。

听此消息，丘吉尔喜不待言，他的打击“鳄鱼下腹部”的想法又浮现出来。再加上丘吉尔的挚友，那个远在南非当总督的史未资的支持，决心于是更加坚定。

这位史未资也是位英国著名的政治家、战略家，虽然身处远离战火的非洲南端，但却时刻关注世界风云，作为大英帝国的忠实卫士，他和丘吉尔几乎心心相印、情投意合，英国的每一个战略部署都有他的功劳。

此番针对意大利投降一事，他又发表高见了。

9月3日，史未资的一封函电放到丘吉尔的桌上：

> 我们应当立即占领意大利南部，并向亚得里亚海岸推进，再从那里的一个适当据点，发动对巴尔干半岛的真正攻势，并促使巴尔干半岛的复兴力量日益壮大。

史未资的话说进丘吉尔的心坎，丘吉尔于第三天即给史氏回电：

> 我早已十分急于进入巴尔干半岛，在那里，一切都进行得很顺利。

9月9日，史未资的电报又飞驰而来：

> 我建议，我们在地中海获胜以后，应向意大利和巴尔干半岛进攻……

9月11日，丘吉尔复电史未资说：

> ……我希望你能了解，英国对于“霸王”作战计划的忠诚，是英美合作大厦的主要基石。我个人认为，现在有足够的力量使我们能在两个战场上同时作战，而且我相信这是正确的战略。

9月9日，还在美国的丘吉尔在这个“正确的战略”指导下行动了。当天，罗斯福同联合参谋长委员会一起听取了丘吉尔的“巴尔干计划”高见，丘吉尔要求盟国抓住意大利投降所提供的机会，坚决、果断地向意大利北部挺进，建立防线后，再调拨部队到亚得里亚海以东作战。

丘吉尔也十分明白，机会越是充裕，美国人越是满腹狐疑，怕对计划一作改动，便可能削弱、影响“霸王”计划，所以丘吉尔也抑制自己，不想重议为加强进攻法国而从地中海调出七个师的决议。

马歇尔等人与丘吉尔打过几年交道了，对丘吉尔的所思所想一清二楚，心里也暗暗打定主意，不为他人所动。对美国人来说，“霸王”计划第一，他们不同意对已计划安排好的步骤作任何改变。

马歇尔主意已定，即不管可能出现的新机会有多大诱惑力，“霸王”计划所需的东西都不应当留在地中海。对马歇尔和他的同事们来说，英国人想利用意大利崩溃而出兵，你尽管利用好了，但只能利用地中海的部队，而不能把进攻欧陆的部队拉去。

当天会议结束时批准的唯一新行动，就是同意英国去占领多德卡尼斯群岛（在爱琴海上），即使对这一点，美国人也不同意以任何方式挪用已按计划分配给亚洲太平洋战场和“霸王”计划所需的人力物力。

会议刚一结束，丘吉尔就迫不及待发布紧急命令给英国中东司令部，让威尔逊将军和亚历山大将军果断、大胆、迅速地发动进攻，认为“大显身手的时候到了”。

英军中东地区总司令威尔逊接令后，果然不敢怠慢，落实首相指示不过夜，当天晚间就拼凑起兵力发起对多德卡尼斯群岛的勇猛进攻。

进攻的第一支箭头指向该群岛中的罗德岛。罗德岛是整个群岛的一把钥匙，岛上有良好的飞机场，占领了该岛也就取得了爱琴海的制空权和制海权，并对巴尔干地区产生决定性影响。控制了爱琴海，扼住达达尼尔海峡通道，就会开辟一个到达东欧的捷径，所以罗德岛是一重要战略目标。

然而，威尔逊手下只有一个旅的兵力，且缺少运输工具，登陆艇没有，攻击舰只也很少，只得靠奇袭。当天晚上，陆军少校杰利科勋爵率领一小队空降兵在该岛着陆，打算占领机场和港口，并企图劝说当地意大利驻军司令下令解除那里一个德国师的武装。但意大利的这位驻军司令犹豫不决，而德国人倒行动迅速，人数少的德国人倒先下手解除了意军的武装。杰利科面对此形势不得不迅速撤走。此后，要想强攻罗德岛，所需兵力已超过中东司令部可能抽调的兵力，最后只得放弃此计划。

从9月18日开始，英军进攻转向到科斯、勒罗斯和萨摩斯三岛。在海军的协助下，这些岛相继被占领，由于守岛的都是意大利部队，登陆时没有遇到抵抗，但岛上海岸防御工事和防空设施却不能令人满意。

三个岛中，科斯岛上有一飞机场，地位重要。英军占领该岛后，马上调来战斗机和高射炮布防，以备德军反扑。可威尔逊手下的兵力太少了，只有三个营，分别占领三个岛，科斯岛只有一个营，所以，这些岛的地位很不稳定。

10月3日，希特勒力排众议，责令收复三岛。当天，德军空降兵飞降科斯岛，守卫机场的一连英军根本不是对手，当地的意大利驻军表现得不偏不倚，他们像两星期前不抵抗英军一样，对德军也照样一枪未放，很快该岛被攻占。

幸亏一支活动在地中海的英国海军分遣队几天后在斯坦伯利亚群岛附近，发现和击沉了德国的运兵舰队，才没使进军三岛的英军全军覆没。

问题很清楚，要避免灭顶之灾，就必须向这些岛屿增援，而援兵的唯一来源是地中海中部，也即艾森豪威尔指挥下的部队。因此，丘吉尔便信心百倍地干起来，一封封电报从伦敦发到地中海盟军指挥部，发向华盛顿白宫，甚至指派威尔逊将军亲自到地中海战区指挥部求援。

美国方面的回答倒也很干脆，对英国部队在爱琴海地区的处境表示同情、关切，但爱莫能助，派不出一兵一卒。罗斯福的回电说：

> 我完全理解你在地中海东部的困难。我认为，如果从意大利抽调部队会危及那里盟军的安全，那就不应当从意大利调出任何部队，并且也不能为了任何次要目标而采取妨碍“霸王”战役顺利实施的行动。
>
> 美国三军参谋长赞同上述意见。
>
> 我已将此电的副本寄给了艾森豪威尔。

这封电报，似冷水浇头，使丘吉尔透心凉。

事到如今，只得靠自己的力量了。丘吉尔让威尔逊把手头能用的兵力全都派上去，勒罗斯的守军增加到三个营。这三个营是皇家明火枪团第二营、禁卫军第一营和步兵第三团第一营，全为英军精锐，并且在马耳他战役中经受过围攻和断粮的艰苦考验，论战斗力是没说的，可人数也太少了，只有一千多人，又没有空中火力支援，坚守该岛困难重重。

但这是丘吉尔的得意之作，哪能轻易放手。这样等待着的就是失败的命运。

11 月 12 日，清晨，太阳刚从东方升起，大批德军飞机便从海上飞来，在猛烈轰炸的配合下，敌军从该岛东北端登陆了。当天下午，六百名空降兵突然降落在没有设防的该岛中部，英军防线被切成两段。以前曾报告说，该岛不适合伞兵降落，但德国人干成功了。为了夺回中线阵地，英军作了极大努力。在最后阶段，驻守萨摩斯岛的皇家西肯特团前来增援，但是一切都完了。他们自己也成了牺牲品。

11 月 16 日，该岛陷落了。

面对这个事实，丘吉尔不得不承认："我们在爱琴海的一切希望暂时破灭了。""这是自 1942 年托布鲁克战役以来，我们第一次遭到的真正重大挫败。"

这一个"希望暂时破灭"，预示着丘吉尔还没有彻底放弃他的"巴尔干计划"。

十、丘吉尔的最后决定

1943 年，对盟国来说是会议年。会议从年初开到年底，会议从非洲开到美洲，又到欧洲、亚洲。这不，继盟国莫斯科外长会议后，三巨头首次相聚的德黑兰会议又要召开了。

13 这个数字，在西方人看来是个不吉利的数字，和其相连的房间号、日期，也染上了不祥的色彩，西方人都尽量避开这个数字。但战争年代的罗斯福顾不了这些，为协调盟国的全球战略，他率领几百名各级官员于 1943 年 11 月 12 日登上巨大的美国海军战舰“衣阿华”号。

13 日凌晨零点一分，汽笛鸣叫，该舰启动离开了切萨皮克湾，罗斯福此行的目的地是开罗和德黑兰，第一段航程的终点是阿尔及利亚的奥兰。

几个小时后，配备着九门 16 英寸口径大炮、排水量 4.5 万吨的“衣阿华”号，已高速行驶在大西洋上。“衣阿华”本来是为海军建造的主力作战舰只，珍珠港事件后，美国军事家发现，以战列舰为主的海战方式已经无法抵御以航空母舰为主的新海战方式。尽管“衣阿华”刚下水不久，其速度可达每小时 33 海里，是当时速度最快的战舰之一，其火力和装甲也是无可比拟的，美国仍毅然挪作他用。

现在，在这个钢铁篮子里，美国把它的许多宝贝疙瘩都放上了。除罗斯福外，还有马歇尔将军、金海军上将、阿诺德将军、萨默维尔空军中将、李海海军上将、霍普金斯以及几十名参谋长联席会议所属的高级参谋人员和总统的私人随从。

为安全起见，此次出行，下有三艘驱逐舰保驾，上有战斗机护航，并切断了同岸上所有的无线电通信联络。从护航机下视，战舰像一只巨大的犁，高速移动在无垠的大洋上，犁起的海水，形成一条白线。从舰面上看，海风掀起的巨浪与高速前进的舰体发生碰撞，激起白花花的浪花，倾泻到它的前甲板上！但是罗斯福所在的舰尾甲板上，却是阳光灿烂，干干爽爽，他静静地坐在那里，面对着大海眺望着。

总统此刻的情绪很好，战场上传来的好消息激励着他：经过萨莱诺海滩的激战之后，艾森豪威尔的军队已大步向前挺进，将要去攻打那不勒斯海港，巨大的福曼机场指日可下。从这个机场起飞，对欧洲腹地的空中打击力量可以增加一倍。在苏德战场上，苏联人进行了一系列有力反击，苏军前线部队已到达第聂伯河一线，解放了重要工业区顿巴斯、乌克兰首都基辅和战略要地斯摩棱斯克，很快就要进入德国境内。在太平洋上，不可一世的山本五十六早已毙命于莽莽丛林之中，大日本帝国的海军节节败退，美军正向日本的核心防卫圈两路逼近。

就要面对面地会见斯大林了，这也使罗斯福兴奋。他要跟斯大林坐在一起，不仅一块拟订作战计划，而且要为一个更美好的世界制订规划了。这是一个伟大的机会，这全亏了国务卿赫尔，是这位年老体弱的田纳西州人冒着风险，风尘仆仆赶到莫斯科，请出了那位疑虑多端、从不出国门的斯大林，并安排好会晤的地点和议程。

在这种情绪的指导下，一路上，罗斯福非常愉快。他读了一大堆侦探小说，并且把这些书借给舰上其他人看。他与年轻的随从们轮流讲风趣的故事；每天由他的体疗医师福克斯中校按摩一次；几乎每个晚上都去看一场电影。他还在船上观看了一场海上实弹演习，演习虽然差点酿成事故，但也没影响他的兴致。

参谋长联席会议的高级官员们则不像罗斯福那样轻松，在整个海上航行期间，几乎每天都要开各种会议，对中、美、英的开罗会议，以及“三巨头”的德黑兰会议作最后的准备工作。

1943 年 11 月 20 日上午 8 时，“衣阿华”进入奥兰港。在码头上，面带微笑、精神抖擞的艾森豪威尔，自豪地把他的总司令接到专车上，一行人乘车来到拉塞尼亚机场。

机场上，总统的 C-54 专机已准备就绪，奥蒂斯 · F. 布赖恩少校已在驾驶舱内整装待发。专机后面另两架飞机上，坐下了马歇尔等高级军官，一批 P-19 和喷火式战斗护航机发动机已点火，发出巨大的轰鸣声；头顶上，P-38 在云层中盘旋。罗斯福在飞机里坐定后，说：“艾森豪威尔，坐到我身边来，我早就想跟你谈谈了。”

飞机很快飞到突尼斯准备降落，艾森豪威尔已在此处为罗斯福选了一座海滨别墅，凑巧得很，当地人也把这座别墅称为“白宫”。

第二天，罗斯福在艾森豪威尔的陪同下，到战场上游了一圈。听完艾森豪威尔讲述美军前一年在此处首战大捷，总统对战士表现的战斗意志赞叹不已。在游历的途中罗斯福思古之幽情大发，对艾森豪威尔道：“我们的这个战场很可能正是古代的战场，两千多年前，迦太基名将汉尼拔与罗马军队第一次交手的战场，应该就是这里。”

艾森豪威尔道：“事情果然如此的话，那就是考古学家还没发现的古战场，倒叫我们给发现了。”

晚上，罗斯福登上C-54，重新开始到开罗的旅程。黎明时分，总统从座舱中简易床铺上一觉醒来，往下一望，辽阔无垠的寂静沙漠在晨曦中泛着金光，一条蜿蜒的翠绿带，穿过沙漠，延伸到无尽的地平线。罗斯福意识到它就是尼罗河沿岸的狭长耕作地带，是人类文明的四大起源地之一。看到这，总统知道快要到目的地了，因此精神振奋，目不转睛地看着。

布赖恩少校用长距离动力滑翔装置使飞机慢慢降低高度，向尼罗河低飞。一幅文明而古老的农耕图映入眼帘：牛拉的水车缓缓转动着，向灌溉渠里戽水，农民在巧克力色的泥坝围着的绿野里犁地、锄草，挂着三角帆的老式桅杆船，三三两两地游弋在尼罗河上。

“看那，金字塔！”总统旁边的一个保卫人员喊道。

“飞过去，看看！”总统也游兴大发地喊道。

布赖恩慢慢调转机头，坐落在沙漠边缘的三堆三角形的紫晶色东西越来越近了，看得越发清楚了。

“这是金字塔！”

“这是狮身人面像！”

罗斯福快乐得像个孩子似的嚷着。过去只是从图片上看到的世界七大古迹之一，今日终于亲眼看到了。

到机场后，一下飞机，罗斯福游兴不减，提出要乘车去城里看看。旁边的特工头子迈克·赖利可没管那个，用冷冷的两个字“不行”作为回答。

回答噎得罗斯福好一会没吭气，赖利口气缓和下来，又说道：“丘吉尔先生要去的话，他尽管去。如果有人开枪射击，他至少可以跳出车子拔腿溜走，而你就没有这个方便条件了。”

罗斯福一脸的不高兴，游兴也没了，只好顺从地乘车到了下榻处，这是美国公使柯克腾出来给他的一座白色四方形别墅。

丘吉尔两天前已到，蒋介石也已先期抵达。

1943 年 11 月 23 日上午 8 时。

埃及首都郊区吉萨大金字塔附近的米纳大酒店，有中国人参加俄国人不参加的开罗会议正式开始了。这是协调美、英两国军事战略，安排中国战区战略进攻方向的会议。

第一天，会议的主角，英、美两国的军人和政治家们就各种计划发生了激烈的争执。双方人士的脸色阴沉，窗外一眼可瞥到的庄严肃穆的金字塔和百看不厌、神秘莫测的狮身人面像所构成的美景，都吸引不了与会者的注意力，减轻不了与会者的懊恼。

第一天，重点研究中国战区问题。参谋长联合会议成员同罗斯福、丘吉尔、蒋介石及蒋夫人坐在一起，研究缅甸问题。蒙巴顿勋爵把进攻缅甸的详细计划和盘托出，进行评价。蒋介石是打心里高兴，他的最大希望就是尽快收复缅甸，以便重新打开通向中国的供应线。美国人当然支持这个计划，也正是在美国的提议下才把蒋介石请来的。

英国人本来就没把中国看成大国，也不欢迎蒋介石出席会谈，所以，英国人在发言中傲慢地贬低中国战区的意义，避而不谈关于英国出兵援华的任何建议。分歧于是产生了。

第二天，研究的重心移到欧洲战场。双方各路人马各有主意，一脸严肃走进会场。

马歇尔事先预计到，出席今天会议的丘吉尔一定会利用机会重弹“巴尔干计划”的老调，从欧洲主战场开溜。果然不出他所料，丘吉尔一开始就在会议上作了一个冗长、美国人耳熟能详的发言。

丘吉尔从英军刚刚撤出的多德卡尼斯群岛谈起，大谈其中的罗德岛是打进巴尔干半岛的极好立足点，由此路取道希腊、土耳其，可赶在俄国军队之前占领罗马尼亚、匈牙利、奥地利。他希望英美联合作战，攻占这个岛。

此时的美国，不仅有了战争经验，而且其实力也已大大超出英国。马歇尔想到，为实施“霸王”行动，美国已准备了一年半了，有近百万军队已在英伦三岛待命行动，有一千多万吨战争装备堆积在英国各大仓库，美国全体人民都在为“霸王”战役的进一步需要而工作。如果听从英国人的意见，在一个几乎没有通信联络的国家发动军事行动，这样就要抛弃“霸王”行动，就要倒霉吃大亏，就要拖延战争的进程。

在丘吉尔进一步提出一月份盟军攻陷罗马，他希望二月份攻占爱琴海的罗德岛后，马歇尔坐不住，开始反击了。

马歇尔与丘吉尔打过多次交道，一直非常尊敬和钦佩丘吉尔，但这次为了大政方针，同这位英国首相激烈争吵起来，而且是面对面。

两人说话声调越来越高，各不相让，吵到最后，丘吉尔索性站了起来，扯着上衣的翻领，嘴角挂着细细口水，口中喷出飞溅的唾液，嚷道：“国王陛下的政府不能让军队无所事事，步枪必须吐出火焰，坦克必须奔驰战场。”

马歇尔也不甘示弱，也跟着站在他面前，一字一顿、措词严厉地说道：“要是我独断独行，苍天不容，但是……我决不让美国士兵去那片（罗德岛）该死的海滩送死！”

在讨论具体计划中，在英、美参谋长级将军间也爆发过激烈冲突。在一次会议上，在议论从什么地方弄坦克及登陆艇问题上，英国人提出要把用于缅甸战场的登陆艇调出来，用于东地中海，这种登陆艇排水量很大，设有巨大的船舱，可并排放 40 辆坦克，舱门开在船头，坦克可直接从船舱开到海滩。意大利、印度、法国南部战区和太平洋地区都急需这种登陆艇，而“霸王”战役也非用它不可。

英国人提出的建议如同在平静的水中倒入硫酸一样，引起美国人的激烈反应，这使联合参谋长们几乎要大打出手。当时参加会议的美国将军史迪威回忆道：

> 当时布鲁克发怒了，火冒三丈，而金海军也不是好惹的，他怒发冲冠，差一点窜过会议桌扑到布鲁克身上。
>
> 上帝啊，金简直气疯了。我真希望他给布鲁克一拳。这次我们让英国佬威风扫地了，真叫人痛快。

几次争吵，使英国人目瞪口呆，特别是看到有人这样声色俱厉地对自己的首相讲话！更让英国将军瞠目结舌的是，丘吉尔本人则是一言不发，终日郁郁不乐。此后英国人再也不向马歇尔提起罗德岛了。

11月25日，是美国的感恩节。

为缓和英美双方会谈的气氛，罗斯福邀请英国人到他那幽静的白色别墅参加传统火鸡宴，罗斯福亲自动手为大家切开火鸡。然后大家来到临时的大会议室。屋子里一部老式的留声机放出悦耳的舞曲，人们翩翩起舞，可惜女性太少。

轻松的舞会似乎没有收到多大效果，以后的会议“双方的火气依然很大”。

11月27日，英、美双方人员，带着比原来更大的分歧踏上飞往德黑兰的旅程。

从开罗到德黑兰的航程大约是六小时，途经巴勒斯坦全境。罗斯福自知自己的身体状况，“恐怕以后再也不会飞这条航线了”。他特别要求给他一点多余的时间，好好看看这个基督诞生地。

伊朗德黑兰。

从机场到市区宽阔公路的两旁，每隔50米布满一个俄国卫兵。他们穿着肥大的灰色上装，腰束宽宽的皮带，蓝裤子的肥大裤角塞在笨重多褶的靴子里，头戴灰色浅帽。他们个个手里端着转盘式冲锋枪，全神贯注地守卫着。

罗斯福、丘吉尔等盟国的大小首脑们乘坐的专车风驰电掣般驶过这些卫兵的面前。为安全起见，斯大林特意捎信给罗斯福，动员他从四公里外的美国使馆搬到了俄国使馆大院里一座方方正正像盒子一样的楼里去住。丘吉尔则下榻到与苏联使馆一墙之隔的英国使馆内。

决定世界命运的大国首脑们现在在德黑兰聚首了。他们控制着四亿以上的人口，几千万的军队，他们的一举一动影响着世界。

代号为“找到了”的德黑兰会议于11月28日下午4时举行了第一次全体会议。会议地点在苏联使馆。

提前两天到达德黑兰的斯大林，身着浅棕色元帅服，两个特大号金色肩章上的两颗大白星闪闪发光，浓密的头发和铁灰色胡子，透露出威武和沉着的气质。他面带微笑会见了罗斯福和丘吉尔，三人头一次围着一张桌子坐着。

几分钟的寒暄过后，会议主持者罗斯福请斯大林先说几句开场白。

“不”，斯大林的译员巴甫洛夫把话翻译过来说，“他宁愿听”。

罗斯福遂开始了他的正式发言。

他先简要回顾了历次英美会议上所制订的各项战略计划，谈到了太平洋战场、中国战场，继而谈到欧洲形势。此时，他提出了美国的看法：

罗斯福说，一年多来，美国的战略方针一直是力图缓和德军对苏联的压力。但是，直到魁北克会议决定 1944 年 5 月为横渡海峡的日期止，一直未能制订出实施这一军事行动的最后计划。毫无疑问，罗斯福料到丘吉尔会提出他的论点，便又补充道，不少人主张在地中海采取进一步的军事行动。但他深信，即将在 5 月发动的这场极其重要的进攻绝不能因如此一些次要的行动而推迟下去。

接着斯大林讲话了。他的讲话语气平缓，句子简短，思维周密，言简意赅，英、美两国的元首都认真倾听。斯大林认为发动对德国的进攻，意大利不是合适的地点，“霸王”行动才是 1944 年一切战役的基础。

丘吉尔的发言先绕了一个大弯，说美、英两国对登陆的计划酝酿已久，这一行动的延误确实令人失望。但是一会儿，他马上就提出现在应力劝土耳其参加战争，利用东地中海出现的大好形势，把预定的横渡海峡的计划再推迟两至三个月。

丘吉尔的辩才又一次充分表现出来，他的闪烁的灵感一冒头，就情不自禁高谈阔论起来，只说得罗斯福直打瞌睡；斯大林几次想打断他的话头，但终于还是使出极大的忍耐力，没把话说出口，只是拼命地用铅笔在纸上画着什么。

历时三小时二十分钟的第一次会议在彬彬有礼、谈得来的气氛中结束。三位巨头各抒己见，互相试探。美、苏两国在欧洲战场的方针很一致，这一点使他们亲密起来，不知不觉中英国人开始被冷落了。

第二天上午，三大盟国的最高军事顾问们，在英国使馆第一次坐在一起，专门讨论军事问题。英国布鲁克把丘吉尔在首脑会议上没有提出的计划端了出来：要把地中海的全部兵力应用于意大利及地中海中部战役，其中包括他的总司令最欣赏的计划——攻取罗德岛。而马歇尔和伏罗希洛夫则主张配合“霸王”行动，把地中海的兵力抽出一部分，从法国南部进行侧翼进攻。三方两派僵持不下，各谈各话，冲突又现。

下午，三巨头再聚首。

这是以一个简短而令人难忘的赠剑仪式开始的。

丘吉尔从伦敦给斯大林元帅带来了一柄“斯大林格勒”荣誉之剑。剑上用英文和俄文刻着“赠给坚强的斯大林格勒市民。国王乔治六世代表不列颠人民敬赠”。

仪式庄重。指挥仪仗队的英俊英国中尉高擎着那柄修长笔直的宝剑肃立一旁，丘吉尔作了一席感情充沛的发言，说奉国王之命将此荣誉之剑交给斯大林，托他转交给英勇的斯大林格勒市民。斯大林用俄语致了答谢词。接着，首相庄严地双手托剑，把它赠交元帅，斯大林深受感动地接过来，俯身吻一下精美的剑柄。然后，把剑递给身边的伏罗希洛夫。仪式到此结束。

庄严的仪式没有减弱会议上的争论。

上午的冲突，展现在三方最高军事顾问的介绍中。他们汇报结束后，斯大林发言了：“谁来指挥‘霸王’行动？”

“这个问题还没有最后定。”这个问题颇使罗斯福尴尬，但也只得照实说了。

斯大林见问题挺尖锐，便缓和一下口气，又说道，任命最高统帅纯属罗斯福总统的事，他本人对任命谁做盟军统帅并不想发表意见；但他的确想知道由谁指挥，并坚持一定要知道这一行动的确切时间，因盟军毕竟还希望苏军在“霸王”行动的同时也在东方战线发动一场大规模攻势相配合。斯大林还坚定地表示不能把这一战役拖到1944年5月以后。

丘吉尔为了把罗德岛和土耳其作为战略据点，为他念念不忘的“巴尔干计划”，又作了最后一次的努力，或者应该说是勇敢的努力。他的表现“像一只发狂的鹰，似乎是一头扑向地中海东端，寻找可以攫取的东西”。

斯大林则像一只雄狮，把矛头对准丘吉尔这只发狂的鹰。在丘吉尔正在为自己的发言暗自陶醉时，冷不防，一个挑战性问题从斯大林口中吐出：“我想就‘霸王’行动对首相提出一个直截了当的问题，首相及其英国的参谋人员真的赞成‘霸王’行动，还是你们只是口头上说说，用来安慰俄国人呢?”

丘吉尔开始含糊其辞，继而回答说：“如果具备英国所提之条件，那么我们有责任把一切力量都投到渡海作战上。”

斯大林对丘吉尔的回答不置可否，便谈了俄国的三个条件：

> 1. 为使俄国从东方对“霸王”行动的执行能够有所帮助，务必确定行动日期，并且该作战行动不得推迟。
>
> 2. 如果可能，对法国南部的进攻应于“霸王”行动之前两个月发动；如不可能，则应与“霸王”行动同时发动，或迟于“霸王”行动几天发动。与意大利和巴尔干的牵制性战役相比较，这次进攻将是一次对“霸王”行动直接支援的作战行动。
>
> 3. “霸王”行动的总司令应尽快予以任命。
>
> 除非上述三条在一周内得以落实，否则我将不会相信盟国真的要进行“霸王”行动。

或许斯大林是故意夸大其词，但这压力对丘吉尔来说却是很大的，丘吉尔也得认真琢磨了。

由于斯大林要举行晚宴，会议暂时休会。

就在这短暂的休息时间里，罗斯福回到自己的卧室与刚到此地的小儿子伊利奥说到会议的一些情况：

“现在丘吉尔提议同时从两方面发动作战……”

“丘吉尔所说的两方面作战究竟是怎么一回事呢，爸?”

“一方面从西欧攻击，而另一方面你猜是哪儿?”

“巴尔干。”

“对了，你知道，伊利奥，从某种观点来看，这些会议真是奥妙得很。当丘吉尔为他的入侵巴尔干的主张辩护时，屋子里每个人都明白他的用意所在……”

“噢，是这样。”

当晚，在苏联大使馆举行的晚宴上，斯大林拿丘吉尔“开涮”，不过幽默优美的语言倒也没有影响晚宴上的友好气氛。

晚宴后，据罗斯福的译员波伦回忆：

> 霍普金斯到英国大使馆去会见丘吉尔，告诉他说，你想推迟横渡海峡攻入法国的打算越来越吃不开了。霍普金斯说，美国关于渡过英吉利海峡进行突击的重要性的看法已经牢固地确定了好几个月，苏联的看法也同样是坚定不移的。在劝说丘吉尔爽爽快快地让步的时候，霍普金斯强调指出，首相没有办法了。
>
> 究竟是霍普金斯的夜访还是别的事情起了作用，现在不得而知，但丘吉尔显然在那天夜里做出了最后决定……

1943年11月30日，是丘吉尔的69岁生日，这是丘吉尔一生中最值得纪念的日子，也标志着德黑兰会议的高峰来临。

丘吉尔宣布他们对“霸王”行动没有异议。

联合参谋长委员会达成协议。

上午，三巨头在进午餐前，斯大林听到了盼望达两年之久的决定：

“我们于5月间发动‘霸王’战役，并以法国南部的一个支援战役进行配合，这个支援战役的规模要根据那时可以利用的登陆艇数量而尽可能大。”

罗斯福读完经他和丘吉尔正式批准的上述决议书后，又补充说：“在三四天内，我们将任命盟军最高司令。”

斯大林满意了，他答应“红军将同时进攻”。

晚上，丘吉尔在他的英国使馆举行宴会，欢度自己的生日。这是斯大林第一次去英国使馆。罗斯福带着送给丘吉尔的生日礼物，

■ 三巨头终于达成了登陆的相关事宜

一个产于12世纪的大酒杯，也高兴地赶来了。在一片祝酒声中宴会开始了。

在1943年即将结束之时，在德黑兰最高级会议上，三大盟国终于定下了对后世产生重大影响的“霸王”战役。

历史记下了这次会议：

> 我们怀着希望和决心来到这里。我们作为事实上的朋友、精神上的朋友，和志同道合的朋友而在这里分手。

十一、艾森豪威尔的到来

1943年12月7日，美国总统罗斯福在开罗任命艾森豪威尔为盟军最高司令官。

艾森豪威尔于 1944 年 1 月 14 日抵达伦敦就职。他乘坐一架 C-54飞机从美国直飞英国首都伦敦，可是浓雾笼罩整个英格兰，飞机不得不在苏格兰的普雷斯特韦奇降落，而后改乘火车抵达伦敦。

艾森豪威尔是 1915 年从西点军校毕业的。毕业后，他担任过教官和训练中心指挥官。两次世界大战之间，他进过许多军事学校，包括步兵坦克学校、指挥和参谋学校、陆军军事学院、陆军工业学院。

■ 艾森豪威尔将军

在国外服役数年后，30 年代初期，他开始担任助理陆军部长办公室的助理主任参谋，后来又在参谋长道格拉斯·麦克阿瑟将军办公室工作过 2 年。1935 年至 1939 年的 4 年间，他一直在菲律宾任麦克阿瑟将军的高级军事助手。这期间，麦克阿瑟将军言传身教，使他从这位将军那里学习到了许多军事指挥学问和战略、战术要领。

1939 年他回到了美国，地位迅速上升。如今，艾森豪威尔被罗斯福任命为盟国远征军最高司令时，他作为盟军一名极其重要的指挥官，也越来越受到德国情报机构的注意，一份有关这位新任最高司令的情报宣称：

> 艾森豪威尔是一名指挥装甲部队作战的专家。他以精力旺盛和讨厌按部就班的办公室工作而著称。他注意调动下属的主观能动性，他设法通过友好和谅解，用宽容的纪律来鼓励下属发挥最大的努力。据说他最大的优点是具有一种与他人容易相处和调解反对意见的能力。艾森豪威尔极受罗斯福和丘吉尔的

赏识。

当然，对于这位新上任的盟国远征军最高司令，并不是所有人都完全喜欢，一些人称他为“在战场上连一个营都没有指挥过的人”。就在他抵达伦敦数天后，一封英国人写的语意尖刻的信送到了他的办公室桌上，信中写着：

亲爱的先生，我个人欢迎你到英国来，但同时我并不欢迎你担任盟军总司令一职，因为我认为应由蒙哥马利将军或是亚力山大将军担任此职。记住我们已经打了4年仗，我们的军队进行了一些艰苦卓绝的战斗。尤其在非洲，我们把隆美尔追逐了一千多英里之远，一直把他赶出非洲……

艾森豪威尔看完信后，不由微笑起来，他口述了一封谦恭有礼的复信。在信中他同意这样的说法，即在一大批将军中，选择任何一个担任此职都会比他强，但他补充道：“然而，我希望你能同意这一点，只要大不列颠和美国把此责任交付给我，我别无它愿，只能尽力效劳。”

伦敦的格罗夫广场边有一座老式红砖大楼，盟军最高司令部就设在这里。司令部的正式名称是同盟国远征军最高司令部，取其英文的第一个字母，成为其简称“SHAEF”。

艾森豪威尔上任后工作十分繁忙，每天送到办公桌上等待他批阅的文件有1米多高。尽管如此，他仍每天过问“霸王”作战计划的进一步制订情况。此时，他心中最重要的事，就是尽快完成一份符合他作战意图的计划。

艾森豪威尔就任时，同盟国参谋长联席会议给他的指示非常明确：

你们要进入欧洲大陆，并与其他盟国合作，采以进攻德国心脏地区并摧毁其兵力为目标的军事行动。

艾森豪威尔根据上述指示，认真考虑了自己肩负的重任和军事行动纲领。这个军事行动纲领被他的参谋部会议概括起来有8项，这就是：

第一，在诺曼底海岸登陆。

第二，为诺曼底的决战准备必需的兵力和物资，打破敌军的包围阵地（在这开始的两个阶段，登陆作战将由蒙哥马利任战术指挥）。

第三，用2个集团军群在一条宽阔的战线上进行追击，重点是在左翼取得必需的港口，进逼德国边境并威胁鲁尔。在我们的右翼，我们要同从南面进攻法国的兵力相会合。

第四，取得比利时、布列塔尼以及地中海的港口，以便沿着德国占领区的西线建立新的基地。

第五，在我们为最后战斗准备兵力的同时，还要用一切办法继续不断地发动猛烈的进攻，既要削弱敌人，又要为决战创造有利条件。

第六，彻底驱除莱茵河以西的敌军，同时不断在河东寻找桥头堡。

第七，按照两翼包围鲁尔的方式发动最后进攻，重点再次放在左翼，随后朝着当时决定的特定方向直接突入德国。

第八，肃清残余的德军。

这正是艾森豪威尔将军担任盟军最高司令官的使命。正如艾森豪威尔后来回记录中写到的："在进攻欧洲大陆开始日以前，由参谋部会议认真概括出来的这个总方案，在整个战役中一刻也没有放弃过。"

值得庆幸的是，艾森豪威尔有一个能力很强的司令部。早先成立的英美联合参谋部即"考萨克"也并入了艾森豪威尔的司令部。

这个司令部的副司令是一位英国人——英国空军上将马绍尔·阿瑟·特德爵士。特德原为英国皇家空军部长，在地中海战区时他在艾森豪威尔手下任空军司令。他不仅是一位战略家和空军指挥官，深谙军事，在协调关系上也有过硬的本领，善于处理好盟军各部队和各军兵种之间的关系。此次他官升一级又和艾森豪威尔搭档。

艾森豪威尔的参谋长是沃尔特·比德尔·史密斯。作为艾森豪威尔的助手和管家，他不仅要为最高司令官出谋划策，组织好司令部的工作，而且有时还要出任“打手”，能够毫不留情地把一个不能胜任工作的多年老朋友解职。

英国能干的弗雷德里克·摩根中将留任担当副参谋长。正是这位具有绅士风度的中将，在伦敦诺福克大厦一间空房子里组织人员开始制订最初的“霸王”作战计划。

另外，英国拉姆齐海军上将担任盟军海军司令，蒙哥马利陆军上将担任盟军陆军司令，马洛里空军上将担任盟军空军司令。上级还决定，在艾森豪威尔到达法国之前，由蒙哥马利任登陆部队的前线总指挥。

登陆欧洲的作战指挥机构有了，下一步需要做的就是作战计划的拟制。

第二篇
战役筹划现在时

三巨头在到处都是硝烟弥漫的战场上，不停地往来奔波着。在开辟第二战场的过程中，他们聚在一起既要不断地争吵，又要不断地加强合作，因为他们正在准备进行的是一场在人类历史上规模空前的渡海登陆战役。

从开罗到德黑兰，从“考萨克”计划到“霸王”作战计划，几经波折，才最终敲定最后的行动计划。如此周密的筹划，则为此次登陆作战的成功奠定了坚实的基础。

一、战前准备

1941 年 7 月 18 日，斯大林第一次向英国首相丘吉尔提出要开辟欧洲第二战场问题。在其后的两年时间里，苏、英、美三国围绕这一问题，多次相互交涉，苏联的立场是：希望英美两方能于 1942 年在西欧登陆，将德军东线的兵力部分分流到西线，从而减轻对苏军的压力。美国方面由于担心苏联因承受不住德军的军事打击，所以亦竭力主张早日开辟欧洲第二战场。英国的立场则与之相反，它从自身情况和利益出发，坚决反对盟军于 1942 年在西欧登陆，并力图通过实施其一贯坚持的“边缘战略”，逐步向欧洲核心地区渗透。

从实际情况分析，1942 年盟军开辟欧洲第二战场的主客观条件并未具备：一方面美国还未能稳住太平洋局势，无法抽调大批兵力赶赴欧洲；另一方面英国虽已从敦刻尔克的失败中恢复过来，但由于埃及形势紧迫，只得把大批新组建的部队投入到北非战场。在这种情况下，若想在西欧集结对抗德军的盟军几乎是不可能的。

1943 年，虽然盟军在一定程度上具备了开辟第二战场的能力。但由于英军兵力仍集中在北非，接着又重兵进攻西西里岛，而且大西洋的天气又只允许在夏季前后的几个月内登陆，这样，美英首脑不得不把这一决定战争进程的行动推迟到 1944 年夏初实施。

1944 年，世界各战场的形势发生了有利于盟军的决定性变化。在太平洋战场上，美军对日发起全面进攻，日军在美军强烈的攻势下只能固守在各个孤立的岛屿上作垂死挣扎；在中国战场上，虽然还没有发起规模较大的反攻，但一系列的局部反攻在中国大地已比比皆是；苏德战场的变化尤为明显，苏军已完成战略转折，正从北起摩尔曼斯克、南至黑海岸边的数千公里战线上对德军展开此起彼伏的强大突击；在英美苏等多方国家的精密部署下，意大利政府已向盟军投降，一大批德军精锐部队被盟军牵制在意大利中部的山区；在大西洋战场上，曾肆虐一时的德国"狼群"，在盟军强大的护航舰队面前已构不成威胁；从空军力量来看，盟军已占绝对优势，德国本土已遭到了盟军的日夜轰炸。这一切表明，开辟欧洲第二战场的时机已完全成熟。

为了确保这次史无前例的登陆顺利实施，盟军在极为隐蔽的情况下做了大量的战前准备工作。

1943 年 1 月，美英军政首脑在卡萨布兰卡举行会议，就北非战事结束后双方的战略行动方向问题进行商讨。在这次会议上，虽然原定 1943 年在欧洲开辟第二战场的行动被推迟至 1944 年夏初，但双方仍然一致同意立即在英国组建一个联合计划参谋部，开始进行次年登陆的各项准备工作。

在盟军最高司令部组成之前，"霸王"行动计划的草案已经制订完毕。英国的摩根中将被任命为这个参谋部的负责人，他被称为同盟国欧洲远征军最高司令部的参谋长，盟军最高统帅部参谋部的缩写为 COSSAC，读作"考萨克"。摩根到任之后，便将"考萨克"作为参谋部的代号。

第一，关于登陆地点的选择。"考萨克"制订该作战计划的第一项工作是选择合适的登陆地域，这是其进行后续工作的基础。计划认为，像"霸王"行动这样大规模的作战，其登陆地点应该具备如下条件：其一，能得到在英国机场起飞的战斗机掩护；其二，航渡距离应尽量短，以便于穿梭式地运送大量后续部队；其三，附近要有大型港口。以这些条件衡量，登陆地点的选择范围应缩小到从荷兰的弗利辛恩到法国瑟堡之间的 480 公里海岸线上。经过对这段海岸线反复研究之后，"考萨克"最后选择出两个地带：一处是法国多佛尔海峡沿岸从敦刻尔克到索姆河口之间的加来地区，另一处是冈城与科唐坦半岛之间塞纳湾沿岸的诺曼底地区。

接着，“考萨克”对这两个地带的情况进行了详细分析，对它们的优缺点作了比较。加来地区的最大优点是距离英国海岸最近，只有33公里，同时盟国空军还能进行最大限度的支援。但不利条件也极明显，该地区距英国港口较远，运送人员和物质不方便，又因为，这里是德军重点设防区，登陆肯定要遭到激烈抵抗。另外，这一地区缺乏内陆通道，不容易向纵深发展。而诺曼底地区的最大优点是：德军防御较弱；海滩情况对登陆虽然不太理想，但还可以使用，而且有科唐坦半岛作屏障，可以阻挡大西洋上刮来的西风；这里沿海地势开阔，可同时展开26~30个师的兵力。此外，诺曼底距英国西南海岸的各大港口较近。虽然这里同样缺少优良港口，但登陆后不久即可夺取科唐坦半岛北部的良港——瑟堡港。

在对加来和诺曼底两地的优劣进行全面考虑比较之后，“考萨克”最后选择了后者。

第二，关于对登陆兵力的部署和登陆日期的选定。在登陆的具体地点确定之后，“考萨克”集中力量制订具体的登陆计划。根据当时可供使用的兵力和登陆舰艇的数量，决定集中在冈城和科唐坦之间上陆。将突击登陆的第一梯队兵力定为3个师，第二梯队8个师，另加2个空降旅，计划在两周内夺取瑟堡。登陆开始日选定为5月1日。这个计划在魁北克召开的“四分仪”会议上被批准。

在赴任之前，艾森豪威尔就已经看到了“考萨克”制订的“霸王”行动计划草案。当时他和蒙哥马利及正在北非的丘吉尔交换了意见，三巨头一致认为突击登陆阶段投入的兵力过弱，需要增加。艾森豪威尔在到达伦敦组建起最高司令部之后，立即着手开始对此行动计划的修改工作。

在此次登陆计划的兵力配置问题上，盟军最高司令部认为，“考萨克”计划选择的登陆地域是合适的，但第一梯队上陆兵力太弱。新计划规定，第一梯队的兵力应为5个师，空降部队增加到3个师，登陆正面由原来的40余公里扩展到80余公里，即从科唐坦半岛东南到奥恩河口，把维尔河以北的海滩包括进去。登陆地段共分5个，从西至东，其代号分别为：“犹他”、“奥马哈”、“金海滩”、“朱诺”和“宝剑海滩”。前2个为美军登陆海滩，后3个为英、加部队的登陆地段。

在盟军登陆阶段，同盟国陆军统一组成了第 21 集团军群，由蒙哥马利任司令，领导指挥邓普西中将的英国第 2 集团军（含英第 1、第 8、第 12、第 30 军）和布莱德雷中将的美国第 1 集团军（含美第 5、第 7、第 8、第 9、第 19 军）。待巴顿将军指挥的美国第 3 集团军登陆后，美军将单独成立一个集团军群，由布莱德雷担任司令。而在盟军的突击登陆阶段，还将从以上所述的部队中抽出 5 个师和 3 个空降师分别从海空两路突击登陆。具体实施计划是：在预定登陆时刻，第一梯队将以 8 个加强营的兵力在 5 个登陆地段上陆（美第 1 集团军 3 个营在“犹他”和“奥马哈”登陆，英第 2 集团军和加拿大第 1 集团军 5 个营在“朱诺”、“金海滩”和“宝剑海滩”登陆），建立登陆场。另派美军突击队 2 个营及英军少数突击部队，协助参加登陆突击。在部队登陆之前，在右翼卡朗坦西北厄格利斯附近地区空降美国第 82 和第 101 空降师，以截断德军由瑟堡驰援的路线，并协助登陆部队夺取“犹他”海滩。在左翼卡昂东北附近地区空降的英国第 6 空降师，将夺取卡昂运河的渡河点，并负责左翼边缘的突击作战任务。右翼部队登陆后，首要任务是由该地区向西北推进至瑟堡，左翼部队则应首先建立由卡昂至圣洛一线的登陆场，并向该线的东南逐渐扩展，以掩护美军向瑟堡的进攻。在登陆场巩固和扩大后，增援部队先占领布列塔尼，然后向塞纳河推进，直逼巴黎。

为了将第一梯队成功输送到诺曼底，盟国的海军方面专门编组了两支特混舰队。西部特混舰队主要由美国舰艇组成，包括 3 艘战列舰、10 艘巡洋舰、30 艘驱逐舰、280 艘其他各种舰艇、1700 艘登陆舰船，其任务为输送美国第 1 集团军部队上陆，并由美国第 9 航空队提供空中支援；东部特混舰队主要由英国舰艇组成，包括 3 艘战列舰、13 艘巡洋舰、30 艘驱逐舰、302 艘其他各种舰艇、2426 艘登陆舰船，其任务为输送英国第 2 集团军和加拿大第 1 集团军部队上陆，并由英国第 2 航空队提供空中支援。此外，为了支援登陆部队，还建立了 5 个舰炮火力支援队，共有 7 艘战列舰、2 艘浅水重炮舰、24 艘巡洋舰、74 艘驱逐舰。两个特混舰队还各有一个后续编队以运送第二梯队上陆。

这个修改后的计划为盟军实现诺曼底登陆提供了有利的前提，同时富有极大的军事科学意义。但由于这个计划增加了突击登陆阶段的兵力，扩大了登陆正面，因此许多问题接踵而来。最为突出的是登陆舰艇严重不足，马歇尔虽然同意从太平洋战场抽调一部分登陆舰艇，但是仍不能满足“霸王”行动的需要。最后，同盟国联合参谋长会议不得不决定将原定登陆日期推迟 1 个月，即从原计划规定的 5 月 1 日推迟到 6 月初，主要是为了从美国和英国得到更多的登陆艇。

登陆日期（D 日）和攻击开始时刻（H 时）的选择，依据潮汐和月光而定。各军种根据自己的作战需要，提出了不同的要求——陆军希望在潮汐高潮临近时上陆，因为这样可以减少部队暴露在海滩上的时间。海军则要求在潮汐低潮时登陆，这样可以减少登陆艇遭海滩障碍物破坏，同时爆破队又可以在潮汐高潮到来之前排除德军设置的抗登陆障碍物。而空军则希望在晴天或夜晚有月光的条件下行动，以便空降部队识别地面目标。最高司令部经过认真考虑，最后采取一种科学的方法拟定了一个适应各军种需要的方案，即海上登陆部队在高潮与低潮之间登陆。由于 5 个登陆地段的潮汐情况不尽相同，因而又规定了 5 个不同的 H 时。除了满足海上登陆部队对潮汐和日出时间的要求外，还决定把 D 日安排在满月的日子。在 6 月份，只有两组时间可满足此次登陆突击的要求，一组是 6 月 5 日至 7 日，另一组是 6 月 18 日至 20 日。最后最高司令部决定：选用第一组 3 天中的 1 天为 D 日！

“考萨克”制订的登陆计划完成之后，盟军的侦察机便开始在法国北部广袤的上空频频活动，开展了对德军广泛、深入的侦察活动，目标是弄清敌军整个海岸的防御配置和一些海滩障碍物的设置。盟军主要侦察手段是低空照相，登陆前 2 个多月里，盟军出动侦察机 4500 架次，拍摄下了登陆地段的立体照片，为登陆计划的实现提供了大量宝贵的战役战术情报，成为登陆作战所需情报的重要来源。

尽管空中侦察快捷广泛，在众多的侦察方式中，有其他侦察方式不可取代的优势，然而空中侦察并不能完全代替其他侦察手段。比方空中侦察不能辨别出海滩的硬质或软质，假如是软质型的流沙和淤泥，重型坦克和装甲车就容易陷进去，这就必须预先采取措施加以预防，必须通过地面侦察搞到海滩泥沙的样品。另外，潮汐的情况也需要实地勘查。

1944年1月，为掌握预定登陆地段的详细情况，盟军派出一支由1艘袖珍潜艇、2艘拖网渔船和2艘巡逻艇组成的考察队。艇上有3名海军军官和2名水兵。在这次行动中，水兵成功地游到预定岸上，连续侦察了两个夜晚，获得了大量有价值的材料，如海滩的坡度，水下障碍物的设置情况，沙滩和卵石滩的情况，并取回了海滩泥沙样品。从这些样品中发现，有的海滩存在大片淤泥。为解决这一问题，后勤部门给许多坦克装上了叫作“转筒”的钢垫滚筒，把它们铺在坦克前进的道路上，使后续坦克也能顺利通过。这些具体有效的措施，为尔后突击登陆的成功创造了有利条件。

“海王”这一称号是整个“霸王”行动中海军方面行动的代号，其目标是为了完成登陆舰艇和战斗舰艇的筹集。登陆舰艇是坦克登陆舰、坦克登陆艇、步兵登陆艇、机械登陆艇以及许多舰载小艇的统称。“霸王”计划修订后，为了解决登陆舰艇的缺乏问题，美、英两国专门在1944年2月召开了“登陆舰艇会议”。通过这次会议，两国决定，从地中海调来英国坦克登陆舰20艘、步兵登陆艇21艘，从美国调来坦克登陆舰7艘。另外，又从地中海调来更多的登陆舰艇支援“海王”作战，再加上1个月里登陆所生产的登陆舰艇，就基本上满足了“霸王”行动计划中规定的4000多艘舰艇的需要。

在“霸王”行动突击登陆的地域——长达80多公里的海岸线上，不仅没有1个可以供迅速增兵的大港口，就连小港口也是寥寥无几。而且英吉利海峡天气情况十分恶劣，气候变化无常，即使在一年中情况较好的夏季里，风浪也十分大，有的时候会出现大的风暴。

所以，登陆作战没有一个可以增兵驻扎的港口是很难迅速扩大战果的。完成登陆计划尽管困难重重，却激起了英国人的发明灵感，他们设计出了2个相当于中等港口大小的人工港，以便在最初夺取登陆场之后，能立即拖过海峡投入使用。这是人类登陆作战史上的一大发明。

“霸王”作战行动将是世界战争史上投入机械化部队最多的一次战役，燃油供应在此也便显得尤为重要。为了保证油料的充足供应，海军专门成立了一个名为“普拉托”的机构，为此并设想了两种解决油料供应问题的方案：其一是铺设4条直径为15厘米和25厘米的软钢管，美、英登陆地段各两条，每小时可向岸上输送600吨燃油；其二是从怀特岛经英吉利海峡向瑟堡附近的奎尔克小港铺设10条油管。后来，盟军采用了预定的第一套方案，从而从根本上确保了美英军队的供油问题。美、英两国向来重视隐真示假的欺骗战术，此次的“霸王”作战行动同样也制订了非常庞大而且周密的欺敌计划，并为此定了一个耐人寻味的代号——“刚毅”。

这个计划主要目的为：一是在D日前使德军相信盟军登陆点在加来；二是在登陆开始以后，使德军认为诺曼底登陆只是一种牵制性行动，更大规模的后续行动仍在加来。这样可以把25万德军牢牢地吸引在塞纳河以北，不能支援诺曼底战场。其具体做法是，在加来地区虚设1个集团军群，包括这支部队的司令官、编制、上船、火力准备、航渡，以及突击登陆等一系列伪装欺骗措施。为了确保“刚毅”计划的成功，盟军花费了大量人力物力，可谓绞尽脑汁。事实上，即使盟军不采取这一欺骗措施，德军也不会忽视对加来的防御。

为了顺利取得战斗的胜利，就必须进行实战演习，这样，在酷似诺曼底战场的英格兰东部和斯莱普顿海滩，英美两军分别在此进行了紧张的训练。

登陆部队必须演练在火力掩护下如何突击登陆，而登陆舰艇驾驶员则要学习驾驶登陆艇靠滩和离岸作业。而最为艰苦的则是登陆袭击的队员，为了适应战斗打响后抢滩登陆的行动，它们在苏格兰崎岖的山地训练爬山。到1944年4月，部队开始进行陆海空三军联合作战演习。4月26日，组织了代号为“海王”的演习。5月3

日又进行了一次代号为“费边”的演习。到5月底，“霸王”行动的战前准备工作陆续完成，只等D日H时的到来。

二、“霸王”行动指挥权之争

1988年6月6日，法国诺曼底盟军登陆纪念馆。

盟军最高统帅半身铜像落成仪式典礼，在十几个国家领导人的注视下，在四千记者的镁光灯闪烁中，露出了他的真容，全世界上亿人在电视上看到这动人的一刻。

半个世纪前的艾森豪威尔，他绝没想到盟军统帅的历史殊荣能降落到他的头上。

1943年12月初的一天。

阿尔及尔，盟军地中海司令部。艾森豪威尔默默地坐在办公室中，等候他的总司令从德黑兰和开罗归来。

他感到孤寂，常想发火。他那成立虽短但却屡战屡胜、人数虽少但却统辖陆海空三军的地中海战区司令部即将解散一事，使他心烦意乱。

此次陪同总统赴开罗途中，及在开罗期间，道听途说的一些消息，从金海军上将的口中得到证实：英国人同意交出“霸王”行动的指挥权，相应地美国也将把地中海的指挥权交给英国，以求英、美之间的平衡。金海军上将还告诉艾森豪威尔：总统不顾他及其他一些人的劝告，初步决定把“霸王”行动的指挥权交给马歇尔，而马歇尔的陆军参谋长职务将由艾克担任。

其实，罗斯福此时对是否任命马歇尔为盟军最高统帅还没有最后确定。最初，在争取美国指挥“霸王”作战最高领导权时，陆军部长史汀生和霍普金斯就力荐马歇尔为最佳人选。在魁北克会议上英国人也同意他担任此项职务。在德黑兰，丘吉尔和斯大林也都欢迎马歇尔担任盟军统帅。

罗斯福在史汀生等人苦口婆心劝他任命马歇尔时，也曾认为马歇尔是最好的人选。罗斯福在 1943 年 9 月 20 日写给已退役的五星上将潘兴的信中说：

> 我们准备让他指挥的是这次战争中规模最大的作战行动。我认为他将担负的乃是欧洲战场的全部指挥任务，而不仅仅关系到某一地区……
>
> 再者，我认为如果不给马歇尔一个亲临前线统兵作战的机会，就太不公平了。
>
> 我所能做出的最好解释就是：我想让马歇尔成为第二次世界大战的潘兴——假如把他留在此地，他就无法做到这一点。

马歇尔本人很想亲自指挥这次横渡海峡的进攻，他已经 63 岁了，这是他走向前线的最后机会，并以此来结束他的事业。但是当这一消息从不同途径透露出去后，在美国却引起一场风波。任命马歇尔担任盟军最高统帅一事遭到金海军上将和阿诺德空军上将的强烈反对。他们似乎并非反对马歇尔本人，而是认为由他们参加，并由马歇尔领导的参谋长联席会议这个班子配合得很好，调走了马歇尔就等于拆散它。

国内报刊也掀起一阵风波，一些人认为这是对马歇尔的“明升暗降”，是“有人不想让他当参谋长”等。特别赏识马歇尔的潘兴也受这股舆论的影响，在医院里特别写信给罗斯福称：

> 马歇尔将军要前往英国指挥作战的报道不断见诸报端，使我深感不安，我非常希望这些报道是凭空杜撰。……
>
> 我深信，倘若调马歇尔将军充任他职，将是一件根本性的、非常严重的军事方略的失误。

这些意见都没有动摇罗斯福要任命马歇尔的决心，他给潘兴去信说明他的打算，他设法说服其他将领们。与此同时，马歇尔也作好就任盟军统帅的准备，甚至连在参谋长办公室的办公桌都准备运往伦敦了。他的夫人已经悄悄地把家具从迈尔堡的参谋长公馆内搬到了弗吉尼亚。

11月初，丘吉尔来电，索要英国人在地中海地区行动的指挥权。丘吉尔在发给英国驻华盛顿的军事代表迪尔元帅的电报中说：

> 我们绝对不能同意由一名美国总司令同时指挥“霸王”战役和地中海战役的建议，这种安排不符合伟大盟国之间必须保持平等地位的原则。

丘吉尔的要求，使罗斯福感到很棘手，也使他任命马歇尔的决心发生了动摇，直到德黑兰会议期间也没有定下来。

12月2日，罗斯福与丘吉尔等人从德黑兰重返开罗，继续开会磋商。在这期间，罗斯福对许多问题进行了反反复复的考虑，表面上，虽然只有一次提到“霸王”行动由谁指挥的问题，实际上这个问题花费他的心思最多。

思来想去，罗斯福只得出奇招冒把险了。后人评论道：“在美国的军事政治历史上，还从来没有一个总统敢作这样的冒险。这绝好地显示了罗斯福政客和总统集于一身的高超手腕。”

罗斯福的这一招是请马歇尔到自己的住处，“最后确定”最高统帅的人选。

时间：1943年12月5日午饭前后。

地点：埃及首都开罗米纳大酒店。

方法：“（罗斯福先生）兜了好半天圈子，”马歇尔回忆道，“然后才问我究竟愿意怎么办。显然这事是让我来决定了。”

马歇尔的选择：“希望总统依照最符合国家利益、最合他心意的方式处理这件事，千万不要把我个人的愿望考虑在内。不管总统让我做什么，我都会高高兴兴去做。”马歇尔没为自己的要求开口说一个字。

结果：当时，罗斯福松了一口气，说：“唉，要是你不在华盛顿，我连觉都睡不安稳。”

现在，（40年后）在盟军登陆的诺曼底竖起的是德怀特·艾森豪威尔的雕像。

马歇尔不像其他人，战后他谢绝了重金邀其写回忆录的种种请求，他当时的心情只能从当时人们看到的行动去判断了。

一个人实现毕生抱负的希望一旦成为泡影，他将作何反应？马歇尔默默地忍受了。

1943 年 12 月 7 日上午，他拟好给斯大林的电报，拿给总统签字后发走。电文如下：已决定立即委任艾森豪威尔将军指挥“霸王”行动。

电报发出后，马歇尔取回底稿，用铅笔在上面给新任盟军最高统帅写了几句话：

> 开罗，1943 年 12 月 7 日。
>
> 亲爱的艾森豪威尔，我想你可能愿意把它留作纪念。这是我在昨天最后一次会议结束后匆匆写就的，总统随即签了字。
>
> 马歇尔

果然，艾森豪威尔把这张纸条像宝贝一样保存下来，1948 年就公诸在他那洋洋洒洒的《远征欧陆》中。

马歇尔在做完这些他应尽的事务之后，才静静地表露了一下自己的情绪。他没有向总统打招呼，而是带上自己两个亲密助手，不辞而别。几个小时之间，总统几次要见马歇尔，都被底下的人借故搪塞掉了，最后总统才知道，马歇尔已取道锡兰、澳大利亚，经太平洋回国了。

三、战略指导的失误

1940 年 4 月，正是生机盎然的春季，而正在这春天的阳光还未驱散寒冬的余寒之时，法西斯分子悍然对北欧的丹麦和挪威发动了侵略战争。5 月 10 日，又以重兵集群闪击荷、比、卢、法四国。至 6 月 22 日法国投降为止，在短短的 2 个多月的时间内，德国的势力范围已从欧洲中部的内陆地区扩张到几乎整个大洋岸边。从那时起，海防建设就成了纳粹德国必须考虑的一个战略问题。

法国投降后，德军又开始策划横渡海峡入侵英国的“海狮”行动。但迫于英国强大的海军实力，德军在准备入侵的同时不得不考虑一些重要港口地区的海岸防御问题。这些港口有一部分是德军重要的潜艇基地，而且内部屯放了各种作战物资，如果这些港口遭到盟军的袭击，德军将蒙受巨大的损失。在这种情况下，拟参加“海狮”作战行动的德国部队，在各主要港口特别是潜艇基地，建立了岸防炮和高射炮阵地，并在沿岸地区建立了中型炮台。由于1918年以后德国进行了大规模裁军，重型岸防火炮极度缺乏，故只能从波罗的海和北海沿岸抽调一些火炮应急。为了确保实施“海狮”作战行动时横渡英吉利海峡的部队得到掩护，部署岸防炮兵的工作首先从海峡最狭窄的地段展开。最初一共部署了4座海军炮台：4门280毫米岸防炮组成的库尔斯特炮台；3门305毫米岸防炮组成的奥古斯特炮台；3门406毫米岸防炮组成的林德曼炮台和4门381毫米岸防炮组成的托特炮台。此外，在这些地区还部署了几门280毫米口径的陆军岸防炮和一些小口径火炮。

没过多久时间，战争狂希特勒又主张优先实施另外两项大型计划：在挪威修筑坚固的防御工事和在海峡群岛布防重兵。这样一来既可以抵御英国在挪威企图夺回立足点的行动，二来还可以控制英吉利海峡的制海权。但是这位对战争有着特殊兴趣的法西斯头子的算盘未能如愿以偿，最后结果证明，这两项旷日持久、浪费大量人力物力的计划，在战争中并未起到应有的作用，相反却由此而推迟了海峡沿岸的海防建设。这不能不说是希特勒战略指导上的一次失误。

四、希特勒的指令

1941年6月22日，德军开始向苏联发起规模空前的闪电攻势，“闪电战”是二战中法西斯军队惯用的战术，于是整个德国的战争机器遂从西线迅速转移到东线，而“海狮”作战行动也被无限期推迟，与“海狮”计划相关的海防建设也延搁下来。

由于英军在同德军的陆地作战中接连失败，所以，希特勒并不担心德军西线的形势。他以为，在击败苏联之后再回头收拾英国，是一个完美、切实的计划。因为按照制订的所谓“巴巴罗萨”计划，德国将在3个月内打败苏联，迫使苏联投降。在这短短的3个月内，英国绝不会有所作为。

随着德军在莫斯科进攻战役的失败，德国的处境开始恶化。特别是美国的参战，使德国面临两线作战的威胁加大。德军统帅部敏感地觉察到这一威胁，先是在1941年底下令西线德军沿大洋沿岸构筑一道防御壁垒，继之又在1942年3月23日正式颁布了有关海岸防御和沿海兵力指挥权的第40号指令。

在第40号指令中，德军统帅部首先分析了西线德军所面临的形势。在这份指令中，赫然指出：“在即将到来的时间里，可能会出现敌人在欧洲海岸实施最大规模登陆的危险。”对盟军可能登陆的原因，指令作了正确的分析。指令还进一步分析了这种登陆对德国的威胁程度，指出：“哪怕是敌人有限目标的登陆行动，只要这些登陆行动会导致敌人在海岸地带建立立足点，那就无论如何也会严重打乱我方的计划。敌人可能会切断靠近海岸的我方海上交通线，牵制陆军和空军的大量兵力，使他们无法参加关键地区的作战。如果敌人成功地占领了我方机场或者在它已占领地区建立了空军基地，那么就会出现特别严重的危险。”

关于应该采取的措施，指令作了较为具体的阐述。它要求西线“各军种组织特别密切的、不间断的协同作战”。要求情报机关和海、空军的日常侦察工作，应努力及时查明敌人为登陆进行准备、集结和开进的情况；要求“主管司令必须把国防军各军种的、国防军以外的组织与部队，以及德国有关民事机关的所有可供使用的兵力兵器，都用于摧毁敌运输工具和歼灭敌登陆部队，从而使敌人的进攻尽可能在到达海岸之前，最迟在到达海岸之后就归于失败”。指令还强调：“在布置兵力和构筑工事时，应将防御的重点设在有可能首先成为敌人登陆场的海岸地段。”

为了划清海岸防御上的指挥权问题，指令将在德势力范围内的海岸线划为 8 个辖区，并重点指出：“驻丹麦和已占领的西方地区的主管司令，在执行海岸防御任务时，直接归国防军统帅部指挥。”此外，第 40 号指令还对国防军各军种在海岸防御中所执行的特别任务一一作了规定。

然而，由于指令并没指明西方盟军的可能登陆地段，因此这给德军的设防带来了很大程度的困难。1942 年 7 月 20 日，一次形势分析报告中，德军最高统帅部就认为盟军可能会在法国的西北部实施一次目标有限的登陆作战，目的是摧毁布勒斯特、洛里昂和圣纳泽尔的潜艇基地，并可能先在塞纳湾建立一个临时的桥头堡。于是德军便采取措施重点加强了潜艇基地的防御。

1941 年的冬天，欧洲大陆的气候已经极冷，战争依旧进行得如火如荼。12 月，希特勒首先提出建设一条北起挪威的纳尔维克、南至法国巴约纳的海岸防线，并称之为“大西洋壁垒”。随着第 40 号指令的颁布和龙德施泰特就任德军西线最高司令之职，修筑“大西洋壁垒”的工作逐渐展开。但是，由于这条防线过于广阔，全长达 5600 公里，就德国当时所能利用的人力物力条件而言，远远满足不了修筑这条壁垒的需要。

龙德施泰特和他的参谋人员认为，只有有重点地设防，才能保证人力物力的供应。通过分析，他们认为盟军登陆舰队将会取道最近的航线穿过英吉利海峡，最危险的地段应在海峡东部大约从索姆河口到凯尔特河口一带。为此，西线德军将兵力最强的第 15 集团军集中配置在这两个地区之间，并在加来—布洛涅地区部署了强大的重型炮兵群。在它的西部，部署的防御兵力却很稀疏，尤其在塞纳湾以西地区更是如此。在近 150 英里长、极易登陆的海滩，只有 1 个战斗力很弱的师防守。观察哨的设置也间隔很远，各观察哨之间和后侧均未设防。

五、“大西洋壁垒”面临的挑战

1942 年 3 月某日的夜晚。

一辆“霍尔什”牌小车悄悄离开了第三帝国的主子在“狼穴”的豪华住所，向几公里外的腊斯登堡机场驶去。

汽车的后座上，一位头上已没有几根头发的老人一动不动地坐在那里，那戴着单片眼镜的脸上没有一丝笑容。他就是刚刚被希特勒任命的德军西线总司令冯·龙德斯泰特元帅。

车在黑漆漆的山间公路上滑行，龙德斯泰特也在闭目养神中思考着他的打算：他有足够的武器和人可以打退盟军，但为了获胜，从现在起，就要作好准备，有了正确的计划和部署，他就能让盟军吃败仗，到那时他那胸前的绶带又该多一条了。

正想到美妙处，汽车“嚓”的一声停住了，腊斯登堡机场到了。

几天后，他带着他的参谋部人员来到巴黎郊外，司令部设在圣日耳曼昂莱，这可是福地，当年不可一世的路易十四就诞生在此地。他找到了一座长 90 米、高 18 米的三层楼的地下城堡，他想，他可以在这儿指挥，像一个伟大统帅那样，身边放着巨幅地图，左右围着高级参谋，远离炮火连天的战场。这样，他可以冷静地去考虑自己的伟大战略部署了。

在西线总司令的任上，一晃过了近两年多。这期间盟军第二战场的开辟一拖再拖，西线除盟军的第厄普袭击着实让他紧张了一会儿，不过很快就过去了。德军此次战役的胜利也着实让他高兴了一阵子，感到盟军也不过如此，作为对手，盟军并不比那些波兰人、法国人、俄国人强多少。

西线总司令龙德斯泰特

在每天有限的工作时间内，龙德斯泰特几乎都是在指挥所的地下堡垒中度过的。他很少去“大西洋壁垒”检查防御工程的进展，据说在当西线总司令的两年多时间里，他总共只去过两次，而且每次去都极不乐意。作为普鲁士的正统军人，他还对情报工作有着天然的偏见。他认为一个正直的军官做那种见不得人的间谍工作是有辱身份的。他恼怒情报人员在各要塞安装的警报器的乱叫乱响，对情报工作根本不予重视。

他每天的例行公事是，摊开桌子上的地图，深信地图能告诉他所要知道的一切。

盟军会横渡多佛尔海峡，从加来地区入侵欧洲吗？

这是明摆着的事实，答案是肯定的。这一带两国最近处仅隔30公里，龙德斯泰特及其同僚们一唱一和，认为从加来登陆完全合乎军事理论，而且历史上所有的战例都证明他说的是对的。自从法兰西成为一个国家后，多佛尔悬崖对面，法国的加来地区以及阿图瓦和庇卡底的丘陵地带，就已经成了通向欧洲的大门，以这作为起点，径直向东，只需四天即可抵达欧洲中部，也即鲁尔区。

在这种“正确”的军事理论和历史实践的指导下，他们确信盟军进攻欧陆的登陆地必是加来无疑。

据此，他们调整了“大西洋壁垒”的防御重点，军队主力第15集团军防卫加来，钢筋水泥在此地比在诺曼底多用了五倍。这一地区的几个港口壁垒森严，特别值得一提的是，德军在整个海防线上修建了四座海军炮台，其中一座就设在法国加来地区的桑卡特海岸上。

这个炮台设置在悬崖之下，总共三门大炮，每门口径达40.6厘米，是德国克虏伯公司当年为“俾斯麦”重型主力舰造的舰炮。这种炮是世界上威力最大的炮，每颗炮弹重达1.4吨，其射程能直接穿过海峡，打到海峡对面的多佛尔市。有了它，多佛尔海峡中的一切船只都可成为射击目标，可谓一炮当关，万船莫动。

盟军早就发现此炮台威胁性很大，意欲毁掉，便于1943年9月20日，派了600架“兰开斯特”轰炸机炸这座炮台，扔下了3700吨炸弹。第二天空中侦察机发现，炸弹有80%落在靶子周围250米范围内，命中率算是很高了。虽然如此，轰炸并未对炮台的功能有多大影响，炮台运转无误。

除了修建坚固的水泥工事、巨型炮台外，德军还在加来地区实行了严密的防范措施：加来地区作为禁区，没有战地司令部的特别许可，任何人都不得进出禁区。人们在街上拎着的提兜和包袱，均要受到搜查。晚上九点开始宵禁。

在西线总司令的重点照顾下，加来地区的“大西洋壁垒”的建设可谓“固若金汤”。其他地区则不可同日而语。

在诺曼底地区，“大西洋壁垒”经几年修建，只修建了几十座孤零零的支撑点，象征性地埋下了几十万颗地雷，在漫长的海滩上，几乎没有采取任何防登陆措施。驻守在这一地区的第7集团军，很多都是老弱病残人员。还有许多师都是从东线撤下来到法国修整的。由于兵力不足，德国统率部决定把战俘补入德军。从1942年开始，外国士兵就以营为单位编入德国师中。有时一个团的薪金簿要使用八种文字，至少包括20多个欧洲东部民族。

其军事装备也很差，且不统一。第7集团军各部队之间有92种不同型号的火炮；252种不同口径的炮弹，其中仅有170门威力强大的75毫米反坦克炮和68门88毫米大炮。这些部队除少数装甲部队外，绝大部分没有运输工具，是“动不了”的部队，但他们守卫的海岸却宽得惊人，在布列塔尼，一个师不得不防守 150 英里长的战线，而另一个师却守着甚至更长的地段，达 180 英里之遥。在他们防守的地段，很长一段距离才设一个观察哨，各观察哨之间和其后侧均未设防。

整个加来地区以西的“大西洋壁垒”决不像戈培尔所吹的那样是如何坚不可摧的。希特勒虽然从未视察过“大西洋壁垒”，但他确信德军凭借这个壁垒就能把登陆的盟军赶入大海。实际上，这些壁垒就像“皇帝的新衣”一样，是有名无实的。

1942 年 11 月，盟军发动“火炬”战役，几十万部队突然登陆北非，几个月后，德国损失了一个精锐集团军，一个很有价值的阵地以及大量物质。这是一次成功的战略突然袭击，对德军的震动很大。1943 年 7 月，盟军又把进攻矛头突然指向西西里，也登陆成功。

这几次登陆成功，引起龙德斯泰特的注意，他预料盟军很快就要把西欧沿海作为登陆场了，他开始忧虑西线防御状况。自 1942 年底开始，西线总司令连篇累牍的报告一封封送到柏林大本营。

这些报告一扫过去的乐观气氛，指出“大西洋壁垒”工程进展缓慢，如果与盟军在北非和西西里岛等地的成功登陆相比较，现有的“大西洋壁垒”根本无法阻挡敌人决意进行的入侵。

龙德斯泰特要求，必须尽快地彻底检查和加固海岸防御工事。

六、处心积虑的希特勒

坐落在一片森林之中的元首大本营戒备森严。通过第一道入口大门之后，通过高高的树干之间的空隙，可以看到用淡绿色伪装着的巨大水泥立方块、2 米半高的通电铁丝网和机械地前后大步走动的哨兵。

在这些精心设计的工事和防弹掩蔽部的周围，布满了带刺铁丝网和雷场，安装了现代化的警戒设备。第一道大门内是布雷的地堡群。整个地堡群分布在直径不小于3公里的环形区内。那里设有双岗，不时地有巡逻兵走动，并有高度机动的应急分队。只有通过第二道大门才能进入元首大本营的工作室和行政管理室，它包括德国武装部队总司令部的作战参谋部和各种各样的附属部队。这里的各部、处彼此之间被警卫分队和岗哨分割开。

穿过这一层，走进了更里面的一层，这是专门留给高级司令官的，最里面就是第三帝国元首希特勒的私人指挥所——“狼穴”。大本营的元首避弹室的防卫更是固若金汤：有一套严密的保卫、安全、隐蔽、伪装系统，还有双层和三层监督系统，使“狼穴”成为一座坚实的堡垒。

在战争开始的几年中，大本营宣布的总是胜利的消息，因而这个地方总带有一种欢快的气氛。可是，随着后来东线形势的逆转，俄国军队从防御转入反攻，以及情报部门提供的关于盟军可能在欧洲登陆的消息，这个营地的气氛很快显得阴郁了。与此同时，这个营地的主人也发生了相当大的变化。

大约从1940年开始，德国元首希特勒逐渐从以前几乎完全公开的生活中隐退，过着深居简出的生活。希特勒的隐退实际上是在战争爆发后开始的。他出头露面的次数越来越少了，把演讲的任务主要留给宣传部长约瑟夫·戈培尔，他本人的注意力全部集中到军事作战的具体指挥上。

这一时期，希特勒的外表足以使那些了解他，但又有一段时间没有见到他的人大吃一惊。他的背驼了，他的左臂和左腿不时地抽搐，动作通常是迟缓的。他的眼睛除了激动时外，已经失去了原有的光泽，似乎丧失了以前曾使每一个获准走近他身旁的人吓得呆若木鸡的那种可怕的蓝光。

但是，观察者们同样也注意到，元首的智力仍像以前一样敏锐。尽管他身体虚弱，但是他看上去一点也不忧郁，眼下他正在考虑如何对付盟军可能的欧洲登陆。

纳粹德国元首希特勒早就预感到盟军在西线的战略意图。

为了对抗盟军可能的登陆，1942年3月希特勒派陆军元帅龙德施泰特指挥西线战场，并下令从挪威到法国沿岸构筑一道坚固的海岸防御体系。希特勒把这个由成千上万个互相支援的雷达站、指挥所、岸炮连坚固支撑点构成的防御设施，命名为“大西洋壁垒”。

1942年8月19日，针对盟军的破坏性登陆，希特勒下令以最快速度建成“大西洋壁垒”，使那些防轰炸和防舰炮的混凝土建筑组成一条连续不断的防御地带，以便控制各主要港口和海滩。9月29日在柏林召开的军事会议上，希特勒命令参加会议的军官们：“这条战线要配备30万德国哨兵，修筑1.5万个钢筋水泥堡垒，要镇住企图登陆的盟军。”

希特勒要求在重要港口和潜艇基地周围每隔约46米就浇筑一个钢盘水泥堡垒，使之构成串连的环节，海岸的其他地方则每隔约91米修筑1个。海军岸炮基地和潜艇基地另有特殊的要求，墙壁和天棚要用4米厚的钢筋水泥浇筑。希特勒要求“大西洋壁垒”上的重机枪、坦克、反坦克炮都要进行伪装防护，以便对付盟军的炮击和轰炸。

希特勒特别命令：必须于1943年5月1日前完成上述任务，并配齐兵力。这个命令规定的时限太短了，简直无法完成。龙德施泰特在战后评论说：“如果‘大西洋壁垒’要建成像希特勒要求的，或像宣传的那样强大，至少需要10年时间。”

1943年10月，德军西线总司令龙德施泰特元帅仔细地视察海岸防御情况。这对于69岁的陆军元帅来说并不是一件轻松的事。视察后，他向元首希特勒送上了一份报告，大意是岸防工事不足，部队太分散。结论是：他的部队只能是“有条件地作好战斗准备”。

希特勒认真处理了这份报告，于1943年11月3日就西线防御颁布了第51号命令。

这份命令说：各种迹象表明，敌人计划至迟在1944年春入侵法国。最大可能的登陆地点是多佛尔海峡的加来海滨，必须最大限度地加强该处的防御。未经他本人批准，不得再从西线调走部队，一旦敌人登陆成功，必须以强大的反击将其抛入大海。

这就是说要组成快速战略预备队，反击盟军的登陆。这一点也正是龙德施泰特经常提出的要求，并且作为他防御计划的核心。

1943 年 11 月 6 日，勇猛顽强的“沙漠之狐”——隆美尔元帅被希特勒任命为西线“特种任务集团军群司令”，归西线总司令指挥。其任务是研究西海岸的防御体系，负责改进从丹麦到西班牙边境数千公里的岸防工事，并草拟出迎击入侵之敌的作战计划。

精力充沛的隆美尔元帅于 1944 年 1 月调来此线。他到任后立即着手布防，准备狠狠回敬一下那些曾在非洲击败过他的可恶的对手。用英国陆军上将蒙哥马利的话讲：隆美尔将使出浑身解数迫使我们重演敦刻尔克那一幕。

■“沙漠之狐”——隆美尔

隆美尔元帅可谓一名卓越的指挥官，又是一位出色的工兵专家，他指挥一支由 50 万苦工组成的劳动大军进行布防。这些苦工在海水底下和地雷密布的海滩布下大量钢筋混凝土障碍物；在海岸上构筑了许多隐蔽得很深的炮台，以控制所有可能强行登陆的地点。

此外，在盟军可能的登陆地点上还布设了反坦克陷阱、带刺铁丝网、工事坚固的步兵掩体以及厚壁碉堡；海岸后面设下雷区；再后面，平坦的田野上，则筑起林立的哨所，以便准备粉碎盟军的任何空降行动。德军还在诺曼底海岸后面沼泽遍布的低地上，特别是在重要港口瑟堡南面的一些地区，引入大量海水，以增加盟军空降突击时的困难。

隆美尔立志要在海滩上击退盟军的任何入侵。

希特勒为了加强西线部队力量，又从苏德战场调回了精锐的装甲师。

当盟军反攻时刻逼近时，德军已在法国北部和比利时、荷兰等国家境内集结了 41 个师，另有 18 个师驻守卢瓦尔河南岸，随时准备北上增援。

在被纳粹占领的法国，由于德军预计盟军将在加来和布伦周围地区发动反攻，德军在这一地区驻扎的第15集团军共计有19个师。而驻守在诺曼底的德军第7集团军只有10个师。当时，德军在南欧还驻有56个师，在斯堪的纳维亚还有18个师警戒待命。

据统计，德军投入整个战争的全部兵力中，共有133个师在西欧与盟军相对峙，有165个师在东欧与苏联交战。在德军32个装甲师中，有20个师继续对付着苏联，12个师准备迎击英美联军对法国的进攻。

令人不解的是，第二次世界大战开始时，德国人曾经狠狠地教训过自己的对手，让他们尝过密集坦克群的威力，而如今说也奇怪，这回德国在西线的装甲师却分散配置在比利时至波尔多漫长的战线上。

1944年1月15日，希特勒进一步任命隆美尔为德军B集团军群司令，置于西线总司令指挥之下。但是，隆美尔保留有一定的权限，即在入侵发生时有权指挥第7集团军和第15集团军，不过其辖区仅限于从法国海岸算起向内陆延伸25～35公里范围内的作战地带。大多数装甲师不由他指挥，而是编入由施韦彭堡将军指挥的装甲集群。

希特勒在3月20日的会议上，对盟军的登陆地点作了推测，比较接近真实情况。他的雄辩（虽然自己不太相信，他始终认为加来是重点）也说服了大家，大家接受了他的预测，相信塞纳湾是反登陆的重点地区。

接着而来的就是反击部队的协调和装甲、机械化部队的部署和指挥权问题。

为解决这个问题，希特勒曾发布第40号令，但这个命令没有讲清陆、海、空军各自的职责，结果各军种对命令都有自己的解释，这又增加了各军种之间的摩擦，这方面最突出的是海岸防御问题。

本来海岸防御应纳入陆军之中，统一指挥。德国海军司令曾说过，海军岸防地部队的“军纪、训练、警备和给养应由海军负责，作战目的则由有关地区的陆上指挥官负责”，但是第 40 号命令却规定，只要敌人仍在海上，海岸防御就要由海军指挥，一旦开始登陆，即由陆军负责海岸防御。两种指挥对岸防炮的射击方式有不同的要求，造成岸防炮无所适从，不能正常发挥作用。

为统一指挥德军的西线作战，希特勒把龙德施泰特推上西线总司令的位置，但后来希特勒又把隆美尔派往西线，先是巡查防线，后任 B 集团军群司令职务，权力越来越大。委派隆美尔担任 B 集团军群司令一事，希特勒事先没有告诉龙德施泰特，这为两人今后的冲突埋下了伏笔。

龙德施泰特与隆美尔这两位元帅虽然都同样无权指挥海军和空军，但他们俩在对付盟军的大规模登陆战术方针上，却大相径庭。

七、针锋相对

德军西线总司令、德国陆军元帅冯·龙德施泰特住在巴黎附近，每日过着“牛奶加蜂蜜”的享乐生活，他手下的参谋军官们似乎已忘记如火如荼的战争场面，他们坐的是高背扶手椅，踏的是高级绣花地毯，住的是豪华别墅，每日在固定时间到那家叫“大胆的公鸡”的法式餐馆里尝着佳肴玉液。

龙德施泰特出身世袭的普鲁士军阀家庭。他的祖辈曾给普鲁士帝国造就了好几代的军阀。龙德施泰特年轻时也义无反顾地投入军队，成为严峻、冷漠和倔强的普鲁士军官。他胸前的道道级带记载着他昔日的“辉煌”。

1939 年 9 月他率领自己的南方集团军群，仅用 30 天时间就穿过波兰平原，直抵华沙。用他自己的话说，从此在军事词典上增添了一个新词条——“闪电战”。而后，他率领 A 集团军群于 1940 年 5 月越过比利时，绕过法国人苦心构筑多年的马其诺防线，在 1 个月内大败法军，横扫西欧大陆。同样是这个集团军群，1941 年夏天又东进苏联，重创斯大林的精锐师团。

德国浓厚的辩证思维的环境，也造就了龙德施泰特的双重特性。他是一个充满矛盾的人。他曾被推崇为装甲兵专家，可是他一生中从未上过坦克，他受不了那肮脏、油腻和噪音。作战中他精于计划，有魄力，有胆识，可是他从不深入下层部队，对于视察部队、检查武器装备、参观士兵食堂、鼓舞部下士气这一类做法，他从来都是嗤之以鼻。他私下里根本看不起靠“啤酒馆政变”爬上帝国元首宝座的希特勒，常称他为“波希米亚下士”，把希特勒的支持者说成是“一帮流氓”，可是当着希特勒的面他却是毕恭毕敬的。

龙德施泰特这位普鲁士老军人始终认为，对付盟军登陆，地雷和抗登陆障碍物毫无价值，“大西洋壁垒”也不会起多大作用。他认为应当主要依靠大量的步兵和装甲快速预备队，将其配置在离海岸线一带相当远的后方，以便在入侵之敌组织好登陆场后立即进行机动反击。

德军西线 B 集团军群司令隆美尔元帅没有显赫的家世，其父亲是布伦兹的一个不出名中学的校长，他本人只有六年级的文化程度。他讲话带一口浓重的斯瓦比亚地方口音。这在德国讲究传统和出身的社会里，常成为对手取笑的把柄。正因为如此，也造就了他对特权阶级和贵族深深的轻蔑。

隆美尔在父亲的怂恿下，于 1910 年 3 月来到军校。经过 26 年的努力，才被提升为相当于营长的职务。他的命运转折点是在出任希特勒警卫营长之后。由于他执行命令坚决果敢，被希特勒赏识。1939 年 8 月 25 日，隆美尔作为一名新的将军离开了帝国总理府。1940 年 2 月他成为第 7 装甲师的指挥官。他的师以闪电般的速度横扫欧洲大陆，不到一个月就俘获 9.7 万名法国士兵，而自己的损失仅为 42 辆坦克。

德国民众是从《西线的胜利》这部电影中认识隆美尔这位将军的，他的战绩很快传遍了整个德意志大帝国。1941 年隆美尔升任德军驻利比亚总司令。在隆美尔的指挥下，德军“非洲军团”掀起一股席卷北非的“沙漠风暴”。这股风暴把英军刮得晕头转向，一败涂地，隆美尔因此荣获“沙漠之狐”的美称。到了 1943

年，隆美尔已经成为活着的传奇式人物。

隆美尔是纳粹高级指挥官中少有的与美英打过几年仗的人，对盟军的作战特点有深入了解，对现代战争中盟军所创造的合成战法，尤其是广泛使用空军力量有深刻的体会。

龙德施泰特打心眼里没瞧上这个比自己小近 15 岁的新任指挥官。在他看来，隆美尔只不过是个“童子军”。论出身，隆美尔既不是出自普鲁士军人家庭，也不是来自某个有悠久行伍传统的名门望族。他是中学教师的儿子，顶多够个中产阶级，仅仅靠打仗的骁勇，才混个“元帅”当当。他根本没有“运筹帷幄”的能力，当个冲锋陷阵的基层指挥官还差不多。

隆美尔也没把龙氏放在心上，对龙氏的奢侈作风看不上，认为这不是准备打仗，这是享受，龙氏参谋人员的那种懒散懈怠也使隆美尔大为吃惊，这些人事实上对法国的防御工作什么也没做。隆美尔在巴黎街头看到的军人不是提着箱子、拎着袋子到处抢购，就是出入剧场、餐馆、酒吧、妓院，尽情享乐，没有一点准备打仗的样子。

两位陆军元帅真是针锋相对。

就盟军的登陆地点，两位元帅也各唱各的调。

龙德施泰特认为，盟军极可能在英吉利海峡最窄地方的勒阿弗尔和敦刻尔克之间的某处登陆。虽然这一带的海岸防御比任何地方都强，但龙德施泰特认为，同盟国军队为了在法国北部平原展开，并向鲁尔地区挺进，是肯冒这个危险的。

隆美尔在 1944 年春却认为登陆地点可能更往西一些，如诺曼底。虽然德国大多数将军认为同盟国军队不会如此“愚蠢”，会把自己束缚在灌木丛生而又荒凉的诺曼底。

隆美尔作为德军中全面掌握现代战争奥妙的人，深知现代战争空军力量的作用，作为战术指挥者，首先他要求拥有对空军的指挥权。

然而在戈林领导下的德国空军拒不放权，不仅如此，专用于地面作战的空军野战师和伞兵师戈林也把住不放。空军野战师是在 1942 年由空军多余的地勤人员组成，本来准备用于东线，作为损失惨重的东线部队的补充兵员。这个师的大多数人是空军出身，官兵素质很好，装备精良，当时若将这个师作为新生力量归于陆军部队，不仅使陆军增加兵力，而且还能提高作战能力，但戈林不点头，隆美尔也奈何不得。

伞兵情况也是如此。他们与党卫军的情况类似，也属德军的佼佼者，是一只精锐部队。他们顽强善战，训练有素，并配备精良的地面作战武器，可惜他们从未参加空降作战。

这两个师没有得到，但在空军领导权问题上大本营似乎很大方，希特勒和统帅部答应调派 1000 架战斗机给隆美尔使用。隆美尔手下第 15 集团军的司令官萨尔穆特听到这个消息不禁欢呼起来，说："有 1000 架战斗机我们就能击退任何进攻。"

一段时间之后，隆美尔专门去看望德国空军驻法国司令官。这位名叫雨果 · 斯比埃尔的陆军元帅戴着一只单层眼镜，长着双下巴，长得肥肥的，体重 130 多公斤，他从吱吱作响的椅子上站起向隆美尔讲述情况。

他冷冰冰地解释说，敌人进攻的第一天，德国空军事实上插不上手。那 1000 架飞机分散在各个战场，至今还没有一架调来西线。德国的地勤人员已为飞行中队作好了准备，但是那些飞行中队——包括飞行教员和学员——实际上要在敌人入侵后几天才能从德国赶来。1000 架战斗机的许诺实际上是"画饼充饥"。

海军，隆美尔心中有数，是更指望不上了。

隆美尔坚信"大西洋壁垒"的作用，虽然所要求的防御纵深几乎与龙德施泰特要求的相等，但是他特别重视地雷场和登陆障碍物的作用。在隆美尔的作战计划中，对盟军的防御有四道防线：一开始是水下雷区，然后是抗登陆障碍物，再后是筑垒炮和机动炮构成的大西洋铁壁，最后是准备参加抗登陆作战的步兵师和装甲师，它们部署在离海滩 6 ~ 8 公里的机动位置。

隆美尔认为抗击盟军登陆兵的主要战线，应位于登陆点的海水高潮线。这条主要战线由延伸到内陆 5 ~ 6 公里的各坚固反撑点支援；高潮线与各支撑点之间的地面不是被水淹没，就是布满上百万个地雷的阻止区，连一兵一卒也无法通过。

凭多年与盟军打交道的经验，他认为盟军首先会以大规模的空袭开路，然后在海上军舰和空中战斗轰炸机的火力掩护下，用数以万计的突击艇和坦克登陆舰在广阔战线上登上海滩；与此同时，再在离海岸不远的内陆投下大批空降部队，从后面打开“大西洋壁垒”，内外夹攻，迅速建立桥头堡，迎接大部队上岸。

盟军登陆前，德军实际采用的主要是隆美尔的计划，同时也作了一些关键性的改动，即各装甲师组成的战术预备队向后配置在离海岸约 8 公里的地方，其原因是装甲集群司令施韦彭堡反对原来计划中使用他的装甲部队的方法。他指出，杰拉（在西西里岛）和萨勒诺的作战经验都证明坦克不是舰炮的对手。他建议最高统帅部的总参谋长约德尔不仅不能把他的各装甲师交给隆美尔指挥，而且应将它们配置在内地。

这一点是致命的。

后来的盟军登陆实际的作战情况表明，同盟国军队作战的真正关键时刻是在登陆日的清晨。如果隆美尔那时能够在“奥马哈”或某军登陆地段投入 2 ~ 3 个装甲师，盟军登陆部队的形势肯定会变得相当严重。

因此，他反对龙德施泰特的纵深防御战略，而主张“主要的战线就在海滩上”。要把敌人消灭在近岸浅水中和海滩上，也就是说要在敌人获得巩固的桥头堡、后续部队到达之前就将其消灭。

他曾和派来协助他工作的海岸防御专家、海军中将卢格说过：“如果入侵的军队在登陆三天内不将其赶到海里，战役，也就是整个战争将遭到失败。”

在这三天中，隆美尔还特别强调最初 24 小时是关键。他对他的副官讲过：“入侵的最初 24 小时是决定性的 24 小时，这一天无论是对盟国的军队还是对于我们，都将是最长的一天。”

为应对这一天，他坚决要求，在敌人的登陆舰只靠拢海滩之前，等待他们的是布置在高潮线和低潮线之间排成阵势的水下雷区、尖桩和障碍物。然后，是“大西洋壁垒”，是遍布地雷的死亡带。最后在离海滩 6 ~ 8 公里处配置步兵和大炮，再加上隐蔽的坦克，在这条战线上，凡是会放枪的人都得上阵，甚至连炊事班也不例外。为达此目的他坚决要求装甲和机械化部队要归他指挥。

那时隆美尔已经意识到时间的紧迫。他仔细视察了海岸，临时增加了为应对特殊情况所需要的武器，布设了更多的地雷和水下障碍物。

地雷是他最喜欢的防御武器。他要求每月送来1000万个，这是远远不能达到的指标。隆美尔要求在盟军登陆日之前布设1亿个。他在“大西洋壁垒”共布设了约400万个地雷，这就是说，在可能登陆的地区，地雷密度为约每3平方公里16万个。如果这个不可能实现的目标真正达到的话，同盟国军队在登陆前将不得不延长舰炮火力准备的时间。

抗登陆障碍物是由德国陆军设置的。反坦克障碍物，如“捷克式拒马”或“带角拒马”（由三根铁棍交叉成直角构成）和所谓的“比利时牛棚门”（大约2米高的门形障碍物）都收集起来设置在海滩上。

沙滩上还打上钢桩和木桩，并配以地雷。

在所有可能登陆的海滩，从高潮线以下1米到低潮线以下2米之间的地段，计划设置4道抗登陆障碍物。到5月13日为止，这样的障碍物沿海峡共设置了50多万个。到6月6日，“奥马哈”附近的军事设施几乎全部完工。

隆美尔为了阻止盟军可能的空降登陆，放水淹没了海岸后边的大片低洼地，即第厄普以西，包括伊济尼附近的卡朗坦地区在内的全部较低的河谷，以及“犹他”海滩后面的地区。

龙德施泰特同隆美尔的海滩阵地防御战略相反，主张纵深防御。他从来不相信阵地防御，因为他指挥的坦克装甲集群曾轻松地绕过法军精心修筑的马其诺防线，阵地防御导致法国投降。他认为雷区和抗登陆障碍物等都是“无聊的小玩意”，起不了什么作用。对“大西洋壁垒”也不感兴趣，他认为“那东西”只能起精神作用，吓吓敌人，振奋振奋自己。他知道，盟国的情报人员无孔不入，虽严加防范，但敌人对“大西洋壁垒”的了解恐怕比德国人还多。

龙德施泰特的防御战略是依靠大量步兵和装甲预备队，在敌人突破海岸防御工事的外层之后和敌人后续部队到达登陆场之前进行反击，按他的安排步兵和装甲兵要基本配备在远离海岸线的后方。他坚决反对把装甲兵前移，他认为隆美尔根本不懂战略。

其实龙德施泰特对装甲兵的配置安排的主意，出自他手下的坦克专家、西线装甲集群司令施韦彭堡。他认为把装甲师像大炮一样固定在死亡地带后面，这等于把装甲师摆放在商店的橱窗里作装潢。

两人各执己见，带有那种——正如美国审讯官后来形容施韦彭堡那样——近于“荒诞可笑”的个人自豪感，谁也不让步。于是，这件事反映到德军最高统帅部。

早在1943年希特勒就任命装甲部队的元老古德里安为装甲部队的总监，负责整个装甲部队的组建和训练，权力极大。这次，古德里安亲往西线作了视察，他对隆美尔的防御战略，特别是把装甲部队调到前线去，感到十分吃惊。古德里安坚持认为“装甲纵队的力量在于火力和流动这两者的结合”，他要求所有的坦克必须远离敌人战舰炮火的射程之外。

古德里安事后向希特勒报告道：“我们必须设下一条准确的停留线，装甲师不得超过这条线开往前线。”在最高统帅部的会议上，古德里安以权威自居，称隆美尔的做法错误。为此事，古德里安不遗余力，先后三次晋见希特勒，企图说服他否定隆美尔的部署。

西线装甲集群司令施韦彭堡也会见希特勒，说西西里和萨勒诺的教训表明，坦克不是舰炮的对手，所以装甲预备师不能交给隆美尔，而且应配置在内地，最好把装甲部队的主力集中在巴黎以北或以南。

他们的意见引起隆美尔的极大愤怒。当那位风度翩翩穿着红裤子的装甲司令3月29日第一次与隆美尔相见时，隆美尔一听他的意见就来了火，嚷道：“听着，我是个有经验的坦克指挥官，你我好像对任何事情的看法都不一致，我拒绝和你共事，我建议上级做出适当的处理。”

4月10日，装甲司令与隆美尔之间又爆发了一场激烈争论，仍未有结果。不得已，隆美尔向总参谋长约德尔游说他的防御战略，以求得支持，他写到：

> 只要在最初几小时内，我们能成功地把机械化师投入战斗，那么我相信敌人对我们海岸的进攻在第一天就会一败涂地……与3月20日达成的协议相反，机械化师仍然没有置于我的控制之下，这些部队远离海岸，四处分散。

报告中隆美尔还直言相告：

> 我和施韦彭堡为此发生过争吵，如果不及时地把他置于我的管辖之下，我的办法就行不通。
>
> 这个问题要尽快解决，否则在允许我通过正常渠道提出要求把装甲师归我指挥并调往前线之前，如果我还得等待，势必造成当敌人的进攻真正开始时部队才能迟迟到达的态势，那恐怕就于事无补了。

隆美尔同时还努力试图说服古德里安和施韦彭堡，在面对面的争论中，针对他们要把装甲师后置的理由，说道："你们如果把装甲师留在后面，那它们就无法开往前线。一旦进攻开始，敌人的空军会阻止任何部队朝前运动。即使夜间也不例外，因敌人的照明弹会把黑夜照得如同白昼一般。"

争论长达一个多月，希特勒最后做出一个昏庸的决定，他拒绝接受古德里安袒护施韦彭堡的劝告，也不全力支持隆美尔所要求的对装甲部队的指挥权，而是搞了一个妥协方案：7个装甲师，仅仅只有3个装甲师调拨给隆美尔指挥。这3个装甲师是精锐的第2装甲师、重新组建的第21装甲师和第116装甲师。

其余的4个装甲师作为最高统帅部的预备队留在远离海岸的内陆，没有希特勒的命令，其他人都不能调动。

这样一来，隆美尔对装甲部队的指挥权已所剩无几了。他的位置和盟军的艾森豪威尔差不多：两人年龄相仿，都有现代战争经验，都认识到在现代战争中统一指挥权的重要。为争空军的指挥权，艾森豪威尔甚至拿出最后一招威胁说："让首相另外找一个人来指挥这场该死的战争，我洗手不干了。"不得已英国人交出了空军的指挥权。

隆美尔看到德国空军对战争已无能为力，他敏锐意识到装甲兵对反登陆作战的胜利具有至关重要的作用，积极要装甲兵的指挥权，但他的决心没有盟军统帅大，终于未果，这就埋下了失败的种子。

八、战前的分析

盟军要在1944年登陆欧洲，德军高级将领都认为这是确定无疑的，但盟军在何地登陆，这些将领们则看法不一，犹豫不定。

海军将领认为盟军可能在斯海尔德河河口或者塞纳湾登陆，而且后者的可能性较大。

斯海尔德河河口附近有安特卫普港，那是世界有名的大港口，而且到达德国鲁尔区的距离最近。但从盟军在英吉利海峡布雷的情况看，塞纳湾一带没有布雷，盟军的舰艇都集中在英格兰南部和西南部，而且勒阿弗尔和瑟堡都未遭到轰炸，所以塞纳湾沿岸的可能性非常大。

对于海军的判断，陆军将领们根本没有放在眼里，因为他们根本不懂海军。龙德斯泰特认定盟军可能在加来登陆，隆美尔在这一点和龙氏也基本一致，一开始就押上他的赌注：敌人最可能进攻的海岸线必定是自比利时延伸至法国索姆河的第15集团军驻守的地段。

希特勒在发布第40号令时，虽然没明确预测盟军的登陆地点，但他心里也同意陆军将领的看法，也一直认为盟军会在加来登陆，德军的最高统帅部也是这种看法。

但从1944年开始，希特勒的观点发生了变化。自2月中旬以来，希特勒三番五次地宣称："毫无疑问，英、美一定会在西线登陆。在我们漫长的战线上，除了靠近暗礁的部分地区外，其他任何地方都可以登陆。但两个地点最有可能，因此所受的威胁最大，这就是诺曼底海岸和布列塔尼半岛，盟军的战略目标是夺取瑟堡港。"

希特勒对盟军登陆地点推测发生变化的原因是：一位打入英国驻土耳其大使馆内部，代号为"西塞罗"的党卫军特务，偷拍了一份英国发往大使馆的文件。这份文件令人不可思议，把这一绝密消息透露出来，甚至希特勒都惊讶，"英国人究竟为什么认为有必要把这一情报通报他们在土耳其的大使呢"？但英国人确实又这样做了。

从这个特务搞到的另一份文件的微型胶卷中，希特勒还知道盟军的这次进攻行动的代号为"霸王"。战后，人们在德军最高统帅部总参谋长约德尔将军的日记中发现了这一事实。

可能出于保密和对于陆军将领的不信任，希特勒和德军统帅部没有把这一消息来源透露给龙德斯泰特和隆美尔。1944 年 3 月 4 日，在最高统帅部召开的重要作战会议上，希特勒以自己的"预感"为理由，指出敌人的进攻主要威胁着诺曼底和布列塔尼。电传打字机把这一信息发送给西线的龙德斯泰特和隆美尔。

龙德斯泰特作为一个正统军人，只相信他那由军事逻辑推论出来的加来，根本没把希特勒"预感"出来的诺曼底放在眼里；隆美尔对希特勒的直觉"预感"也根本不感兴趣，对希特勒让他"立即检查诺曼底的防御工事"之事，不得不执行，但他总觉得这是一次"傻瓜似的远出"，工作不甚积极，但出于对希特勒的敬仰和忠心，他还是去了诺曼底，认真检查了防御问题。

西方盟军对西欧轰炸攻势自 3 月以来，一日强过一日，不仅德国境内的飞机制造厂、石油设施遭到轰炸，而且德国境内的铁路编组站、桥梁、车站等也开始遭到了轰炸；盟军最高统帅部司令官艾森豪威尔也公开露面。希特勒清楚，盟军的入侵正迫在眉睫，他感到有必要专门开会讨论西线问题，以便统一思想，调整相应部署。

3 月中旬，希特勒把他的"亚美利加"号火车专列派到巴黎，把在西线负责作战指挥的所有陆、海、空将领拉到德国巴伐利亚，下了火车，他们又乘专车来到希特勒的柏格霍夫别墅。

隆美尔常来这里拜访元首，此次到来最显著的印象是，这座著名的别墅现也进入战争状态，为保护帝国元首，别墅四周已罩上密密麻麻的掩蔽网，附近小山包上放着烟幕发生器，以备空袭时施放出厚厚的烟幕。

第二天，会议在几公里外的克莱斯海姆的一座城堡中举行。

希特勒行为怪僻，作息时间和常人不同，他倒日为夜，夜间是他的工作时间，每天凌晨上床睡觉，不到中午是不会醒来的。这一天也不例外，中午过后很久，他才醒来，慢慢地穿上那件别有二级铁十字勋章的双排扣灰上装，那枚勋章是在第一次世界大战期间，德军猛攻伊普尔战斗中得到的，这枚勋章已擦得锃亮，与他日日不离。

希特勒的讲话是围绕着盟军对西线进攻地点进行的。他依然未讲信息的来源，只是凭其“预感”，再次断言敌人不大可能进攻更靠近英伦三岛的加来地区。

首先，他讲了整个西线的形势。他说：

> 英、美对西线的联合进攻一定会到来，而且即将到来。但以什么方式、多大规模和在什么地方还弄不清楚，这暂时还无法推测。你们不要从他们船只的表面集结这一点出发，就认为他们将选择我们自挪威到比斯开湾这段漫长战线中运输距离最短的特定地区发起进攻……这种船只的集中，无论什么时候，只要借助能见度的掩护就可以转移和调动。那是欺骗我们的假象。

接着他判断道：

> 在我们漫长的战线上，除了靠近暗礁的部分地区外，其他任何地方都可以登陆。最适于登陆而又最危险的地方就是瑟堡半岛和布列塔尼半岛。这两个地方都有设备良好的巨大港口，

有建立桥头堡的有利条件，因此非常诱人。一旦投入大批空军力量，就能逐步扩大桥头堡的地盘。

一旦出现敌人的进攻，该怎么办呢？希特勒继续发挥着，说道，在任何情况下，都不能允许敌人的整个进攻行动持续几小时，最多不得超过几天。第厄普就是个很好的例子。敌人一旦被打败，就决不会企图再发起第二次攻击。即使敌人进攻没有遭到重大损失，要组织起另一次大规模进攻起码也得几个月的时间。进攻失败对英美部队的士气也是一次毁灭性打击。譬如，这将使罗斯福丧失威信，失去民心，而不能蝉联美国下一届的总统职务。要是运气好，他会死在某个地方的监狱里！盟军的另一方，英国人很快就会产生厌战情绪，丘吉尔这个病魔缠身的糟老头，即使不气死，也不会有能力组织另一次新的军事行动。

接着，希特勒就为什么打败这次入侵就能导致纳粹的胜利又作了一次说明。结论是：这场战争的全部结果都取决于西线每一个人的战斗，同时也关系到第三帝国的命运。

希特勒此次演讲的目的虽是给他的西线指挥官们打气，让他们在未来与盟军的对抗中更卖力，但却句句是实情。1944 年春天，战争打了快五年了，希特勒还有一千万兵力，比美国、英国、加拿大和澳大利亚诸国兵力加起来还要多。尽管盟军日夜轰炸，然而，帝国的工厂，1943 年还生产了 1.18 万辆坦克，几乎是 1940 年产量的十倍；2.2 万架飞机，比 1940 年多三倍；外加五倍以上的大炮和三倍的弹药。

特别是，希特勒有自己的秘密武器。加来海岸的大型发射基地已粗具规模，成千上万枚 V-1 和 V-2 火箭弹已瞄向伦敦和盟军的集结地，虽然准确性不高，但其威力也足以使英国人丧失斗志；19 型和 21 型新式潜艇，正源源不断地从造船工厂运出，它们将能避开大西洋航道上盟军声呐的追逐，重新夺回大西洋的主权；ME-262 型喷气式歼击机经科学家的努力，已正式定型，开始生产，它比盟军飞机要先进得多。

听完希特勒的演讲，这些将军们似乎像打了一针强心剂。尤其是隆美尔，在以后的几个星期曾不止一次以此作为自己行动的证据，向希特勒保证道：他对挫败敌人的企图满怀信心。

但他不是一个空口说白话的人，他知道，到四月底，整个海岸事实上可以排满他精心设计的种种障碍物，这些障碍物一定会重创敌人的登陆艇。但他同时也认为，为保证万无一失，取得反登陆作战的成功，还要对可能登陆的地点进行重点设防。有了重点设防，他断言“敌人不会成功地把脚踏到旱地上”。

但为保证使断言不落空，隆美尔又提出另一个要求，这就是：西线所有的装甲和机械化部队的领导权问题。

第三篇
最后的准备

为了提高组织指挥的效率，艾森豪威尔经常抽出一切可能的时间离开指挥所，到前线去，到士兵中间去。这样，他最能了解部队的准备情况。在盟军登陆前的短短4个月里，艾森豪威尔将军视察了26个师，24个机场，5艘战舰，他到过的仓库、工厂、医院和其他设施，已经无法统计了……一天，艾森豪威尔将军经过一个城镇时，下车步行，在欢呼的人群中走了两个街区。人们热情地拥挤在他的周围，许多人激动得泪流满面。

一、屯兵英伦岛

在德黑兰会议结束不到一个月的时间里，横渡英吉利海峡的进攻准备工作在英国加速进行着。为此伦敦乃至整个英伦岛南部都发生了急剧的变化，简直成了大兵营。

在乡间到处是待命登陆的美国部队的营房和临时搭起的活动房屋。大街小巷，到处都可以看到美国军人，美军的车辆把公路挤得水泄不通。从美国运来的第一批武器装备，在北大西洋成功地避开了纳粹潜艇的袭击，安全抵达了英国。虽然实行“狼群”战术的德国潜艇更加疯狂地在大西洋海域活动，但是盟国的海军源源不断地获得德军潜艇出没活动的情况，一次又一次地挫败了敌人的进攻，从而使盟军庞大的供给舰队避免了重大损失，海上交通线恢复了。

与此同时，英美两国几乎所有报纸都在头版头条连篇累牍地登载文章，呼吁盟军尽快开辟第二战场，援助俄国军人。

所有的民用船只都被动员起来，军队也不作任何解释，这些船只就被源源不断地送到基地接受军事训练。

在英国的城市和乡村，到处都可以听到美国口音的英语。美国士兵穿梭在布卡迪利大街和索和区，他们的人数超过了出没在这一地区的妓女人数。

美国在英国大量集结部队的速度很快。1944 年 1 月底，在英国的美军总共为 93.7 万人，补给品与装备为 349.7 万吨。而到了 5 月 30 日，即登陆发起前夕，在英国的美军总数已达 152.6 万人，补给品与装备达529.7万吨。

由于美军部队都是在英国的西部各港上岸，他们便驻扎在英国的西部和西南部，而英国和加拿大的部队则集结在英国的东部和东南部各郡。

从某一方面来看，即将开始的诺曼底登陆同第二次世界大战中的其他任何两栖作战均不同。

在太平洋各岛屿的登陆和在地中海的登陆中，登陆突击部队和少量预备队的海上航渡，就构成为达到目的的主要渡海运动，守备部队、补给品和维修物资是以后才运到的，并且大部分军队都用于登陆突击。

即将开始的诺曼底登陆则不同，登陆场也就是屯兵场。在突击部队的后面，其他战斗部队必须按预定的速度接送而来，以便使盟国军队在法国增加兵力的速度，超过德国人调动其预备队的速度。为此，集结在英国作为第一梯队和第二梯队的兵力，仅美军就有150多万，其中包括20个作战师。为了使这些部队连同其补给和装备能够井然有序地开赴法国，准备工作本身就是一次大规模的作战，它的密码代号是“包列罗”。

到1944年6月6日登陆作战时，英国已准备好了大量的军队、飞机和舰只。美国、英国和加拿大等国共计有33个陆军师，另有美军40多个师要源源运来，各型飞机1.3万多架，战列舰6艘，巡洋舰22艘，驱逐舰93艘，小型战斗舰159艘，扫雷艇255艘，各类登陆艇1000多艘，连同运输船只总数达6000余艘。盟军陆海空三军官兵总数达287万人。

“霸王”作战所需要的一切都已具备。

二、精心的准备

战役进入了细致的准备过程中，任何一个细节的失误都有可能带来重大的损失。盟军不敢带一点儿大意到战役的准备工作中，他们不但要付出汗水，还要随时付出生命……

1944 年 1 月某日。

这是一个没有月色的茫茫黑夜，英吉利海峡浪涛阵阵。一艘英国造袖珍潜艇在水下悄悄越过英吉利海峡潜行至诺曼底海岸处。

通过潜望镜，海水下 10 米处的潜水艇艇长已依稀辨别出高低不平的远处海岸了……艇长关上目镜的盖子，命令潜艇减速前进。

坐在潜艇舱中的是两位没有佩带肩章的人，通过土黄色的战斗服空白的缝线处可以清楚地看出，原来装订在这个部位的是标志英国突击队的紫色徽章。这两人一位是中尉乔治·雷恩，另一位是中尉罗伊·伍德伦吉。这是他们第二次来到诺曼底海岸了，第一次是几周前，他们被输送到这里去仔细测量海岸的坡度，和从浅水海滩到岸上的反登陆障碍物的种类和结构。

这一次的任务则是采集海岸沙滩的标本，具体说，是挖取海滩上的泥沙，带回英国进行化验，看看该地域泥沙弹性如何，试验能否经得住装甲车辆的重压，这一任务靠航空摄影照片是辨别不出的。

潜艇慢慢接近海岸，海岸上每隔不远便有敌军的碉堡和观察哨，艇长再次从潜望镜中观察，当潜艇潜行至两个观察哨之间的一块海域后，艇长便命令停止前进，上浮。

这会儿，两位突击队员已穿好潜水服，佩上手枪和短剑，拿上工具，随着潜艇露出水面，打开舱门，走出潜艇，毫无声息地滑入冰冷的海水中，向 500 米外的岸边游去。

几分钟后，这两人已到达布有障碍物的海边浅滩了，他们两人小心翼翼地绕过这些障碍，悄悄上了岸。

四周寂静无声，远处碉堡不时透出一点点红色的光点，在夜色下格外显眼，那可能是放哨的士兵耐不住寂寞和瞌睡，在靠香烟提神。

就在岗哨的眼皮底下，这两位受过特殊训练的突击队员，不慌不忙、一前一后静静地向前运动着，前面的人用剑轻插海滩上的沙土，探测是否埋有地雷；后面的人则从登陆起点处将系有软绳的铁针插到岸滩上，然后跟着前面的人往下放绳，每隔 30 米把绳上已缚好的铁针插到海滩上固定住软绳，不使之发生移动。之所以如此，是为了在返回时，沿着软绳走，以避免触雷。后面的人在插铁针的同时，顺势拎一些沙土，按标号放入袋中，准备带回去进行化验。

很快，口袋里的标本泥沙已经装满，该回去了。后边的人打了个手势，前边的人向后折返。突然，远处传来人走沙滩的沙沙声，这两人急速卧倒，抬头仔细观察，夜色中，一个德军岗哨似乎听到了什么动静，出来查看究竟，两人屏住气息，一动不动。那个岗哨观察了一阵，既没发现不远处的突击队员，也没发现那条绳子，便打个哈欠，伸伸懒腰，悠闲地回到碉堡。

又待了一会，这两人见安全了，便小心翼翼顺着细绳子返回海边，绕过水中障碍物，向远处仍在等待他们的微型潜艇游去。

第二天，这两人又来了，不过换了个地方，是紧挨这个海滩的另一个登陆地点。同样的过程又重复了一遍。

原来，这两人是应美国登陆部队司令部之需，专门调查“犹他”海滩和“奥马哈”海滩情报资料的。通过连续两个晚上的侦察，盟军获得了大量有价值的材料，如登陆海滩的坡度大小，高低潮水位的淹没情况，水下障碍物的设置，海滩土质的构成等。

这些情报资料经专家分析后，有的放矢地提出一条条对策：轻型活动障碍物可用巨型推土机推，固定大型障碍物可用炸药炸。根据侦察得来的障碍物的形状与结构，还可推算出需要炸药的数量。

为对付海滩上的雷区，专家们专门设计了扫雷坦克，它可以引爆海滩上的雷区，破坏人工障碍物。

为对付粘性过高的沙土，盟军专家们特别发明一种新坦克。这种坦克除有一般攻击火力外，还在坦克车头前装有一卷有一定承载力的钢板，当坦克登上海滩时，随坦克的前进，钢板不断展开，形成一条通道，使后续坦克避免陷入泥潭之中。

这种派突击队实地侦察活动是有极大风险的，不仅突击队员要冒生命危险，而且搞不好还有失密的风险。为保证不把盟军登陆地点泄露出去，每个突击队员的活动范围都很大，光乔治·雷恩这两人要进行上述项目调查的海岸就达20余处，跨度从加来海峡到英吉利海峡，具体哪一处是登陆地点，这些突击队员并不知道。之所以如此，是决策当局考虑到，万一哪次行动不顺利，突击队员被俘，德军从他们口中也不会得到真正的情报。上面提到的这两人，5 月 17 日在加来海峡侦察时，被德军抓去。

在盟军突击队活动的同时，在盟军最高统帅部的统一指挥下，法国地下抵抗组织也派出各种身份的间谍，对“大西洋壁垒”的结构进行调查。

在诺曼底的康城，一位名叫裘雪的法国人干得很漂亮。他本人是个油漆匠，表面看人老实、木讷，似乎还有点愚蠢，肚子里半点货也搁不住。靠这些他通过了德国盖世太保的审查，顺利加入了“大西洋壁垒”修建工程队。

在工程队中他如鱼得水，趁给修建办主任粉刷办公室的机会，他发现印有“绝密”字样的“诺曼底沿岸布防图”。这是一张五万分之一的大比例尺地图，长 3 米多，宽不到 1 米，图上标识着自塞尔布尔至奥芬尔之间的大西洋壁垒的设防情况，其中主要的要塞、火焰喷射器和炮兵阵地等都一一标明；连各型火炮的射程和射角、弹药补给供应点、通信系统、各指挥所的位置、主要防御设施等皆有详细记载。

几经曲折后，裘雪神不知、鬼不觉地把布防图带出，交给法国抵抗组织，1943 年 6 月 21 日，此图被送到伦敦，派上了大用场。

无数个裘雪式的人工作在敌后，通过人力转送或秘密电台的电波，盟军收到大量情报。这些情报资料再由专门机构进行分析、比较、鉴定，制成巨大的海岸立体模型，供制订作战计划时参考，并写成有关的情报报告，发至有关战斗部队。

正如每一个重要的战役那样，“霸王”作战实施前，进行了大量的预先作战，以便得到情报，袭扰敌人以及封锁目标等。这个到老虎嘴边去拔几根胡须的行动，只是“霸王”作战前极其繁重的准备工作中的一个小小的行动而已。为了“霸王”行动，早在一年前，盟军的海、空军兵力就开始了侦察活动。

美国空军大约持续进行了一年的空中侦察，以获得有关登陆地段、敌方火炮掩体和部队集结的照片。这一工作是“霸王”作战军事情报的最重要来源，因为当时从法国国内那里几乎得不到有关登陆地域的情报。抵抗力量很少在诺曼底活动，一是因为该地没有可供隐蔽用的山地，二是因为德军已经有效地封锁了未来的登陆场。

从1944年4月1日至6月6日，盟国空军派出3000多架次飞机进行了照相侦察，其他空军司令部的1500架次飞机也进行了照相侦察，获得了从荷兰到西班牙边境的欧洲海岸的航空照片。这样便有可能标定德军海岸防御工事、桥梁、机场、水淹地域以及德军的临时堆集场和兵站。这些航空侦察照片如果堆起，足足有三层楼房那么高。

除了空中照相以外，英国潜艇，还有英国和美国的鱼雷艇也进行了相当多的侦察，经常在夜间来到登陆地域，尽可能地搜集包括水文、地质、气象、地形、植被以及敌人兵力部署、防御工事等情报。

此外，盟军空军在1944年4月中旬即开始摧毁德军海岸防御工事，5月初又开始攻击敌雷达设施与无线电设备、弹药与燃料堆积所、军事营地与司令部、机场等。

在盟军突击部队集结期间，空军还忙于从空中保护盟军的海军和地面部队，以防止德军轰炸机和侦察机的骚扰和破坏。

由于盟军空军的奋战，在进攻发起日前的6周内，德军向海峡地区只出动了125架次的侦察机，向泰晤士河入海口和东海岸只出动了400架次，其中非常少的侦察机能飞近陆地，那些冒险偶尔飞临英伦诸岛上空的德军飞机一般都遭到了有效的拦击。因此，德军不能完全掌握盟军大批部队和船只集结的情况。

三、疯狂的轰炸

空军的“直射”训练是最有代表性的军种单独训练。

盟军空军实施“直射”作战，是为了有效打击德军并给敌对国的军民造成心理上的严重威胁。

所谓“直射”作战，则是以削弱德国军事经济和国民经济、进行心理作战以及摧毁德国空军为目的，对德国占领区的大规模轰炸。

■ 盟军通过“直射”作战摧毁德军事目标

“直射”作战由英国空军轰炸机司令部（司令为哈里斯空军上将）和美国战略空军司令部（司令为斯帕茨空军中将）联合实施。

另外，为了在登陆前孤立诺曼底战场，1944 年 1 月盟军空军司令利·马洛里和他的司令部扩大了“霸王”作战中预先作战的空军总计划，拟订了轰炸法国、比利时和德国的铁路枢纽和列车编组站的作战计划，代号为“运输”作战，其目的是要破坏敌人的运输系统，制止德军增援部队向诺曼底调动。这些作战都附属于“直射”作战内。

“运输”作战计划规定，对德国境内的 39 个目标以及比利时和法国的 33 个目标进行为期 90 天的轰炸，以打乱对西线德军提供补给的铁路系统。

在1944年2月9日至6月6日这一攻击计划的执行期间，盟国远征军空军投掷了1.01万吨炸弹，英国轰炸机部队投掷了4.47万吨，美国第8航空队投掷了1.16万吨，第15航空队从地中海起飞向法国南部目标投掷了3074吨炸弹，共计6.95多万吨炸弹。

此计划付诸实施后，立即取得了惊人的效果。到进攻发起日之前，塞纳河上从鲁昂到加西固尔一段的桥梁均被破坏，5月26日巴黎以北塞纳河上所有的铁路运输都被封锁，封锁持续到次月。德军在法国境内的2000个可以使用的火车头中，已有1500个被炸毁。

在5月19日到6月9日期间，德军铁路运输急剧下降，指数（以1944年1月和2月为100计）从69下降到38，到7月中旬下降到23，大约1600列火车（其中600列装载着德国陆军补给品）在法国被迫后退回去。

到5月26日，从巴黎到海边的所有跨越塞纳河的铁路运输都停止了。德国人试图集中汽车以代替被炸毁的铁路来输送关键性的军用必需品，但是汽车数量远远不够，公路上的桥梁也被严重破坏。

“运输”作战计划对保证“霸王”登陆计划成功实施起着关键作用。

军种分练过程中，联合登陆演练一刻也没有停止过。

英国西部的斯莱普顿是一片由红色的粗沙砾构成的海滩。

海滩的前面是一个狭长浅湾，后面是多草的峭壁，极像诺曼底的沙滩。如果把附近村庄的居民撤走，那里几乎是模拟“奥马哈”登陆的最合适地方。

美国陆军第5军的训练演习于1943年12月15日在斯塔特湾的斯莱普顿海滩和附近的托尔湾开始进行。训练的时间很长，但是火力支援舰和小艇是断断续续来到英国的，而且水兵都没有经过训练，这就使得训练复杂化了。

从1943年12月起，担负登陆任务的陆军和海军就开始进行了一系列旅、师级和军级规模模拟登陆演习。到1944年4月底和5

月初，两次全面的预演把联合训练推向了高潮。

第一次全面预演于 4 月 26 日早上 7 时 30 分在英格兰南部举行。预演由穆思指挥的“U”编队首先开始。搭乘部队和装载装备的舰艇就是在发起进攻日（代号为“D 日”）将要使用的舰艇，演习中的上船港大部分也是“D 日”使用的港口。

4 月 26 日夜间到 27 日凌晨，演习编队像真正驶往登陆地域一样，在担任扫雷任务的扫雷艇的护航下，通过莱姆湾，其劈波斩浪的气势，宛如海峡中骤起的狂飙。在对斯莱普顿海滩进行“舰炮火力准备”后，紧接着在 4 月 27 日晨“突击上陆”，然后就是卸载和第二梯队的跟进……

然而，9 艘来自瑟堡的德军潜艇使这次预演变成了一场实战，德军潜艇突然发射的鱼雷袭击了第二梯队登陆输送队，盟军的 2 艘坦克登陆舰被击沉，1 艘受重创，197 名水兵和 441 名陆军士兵阵亡。这次损失使“海王”作战丧失了备用的坦克登陆舰，后来盟国金海军上将不得不从地中海调来 3 艘。

这些损失并没有动摇盟军进一步预演的决心。

5 月 3 日，由拉姆齐海军上将任总指挥的“费边”演习开始了，这是一次与陆军部队集结演习同时进行的，力求最逼真的一次全体合练。演习中，除了没有横渡海峡和在诺曼底登陆外，其他都尽可能逼近真实的“霸王”作战。

霍尔指挥的“O”编队在斯莱普顿海滩进行预演，3 个英国的登陆编队在朴茨茅斯以东的海滩预演。这些演习是整个持续训练的高潮部分，总的目的是使所有人员树立起信心，并克服混乱现象和解决存在的问题。

四、保密措施

随着 D 日的临近，和“霸王”修改计划的最后通过，印有绝密标记的“霸王”行动文件也相应发到有关部门，知道登陆地点和登陆日期的人也增多了，保守机密的问题提到盟军统帅部的重要议程上来。

早在制订“霸王”计划纲要时，英军参与纲要工作的蒙加将军考虑到德国间谍可依据盟军大规模集结地点情形，推断出盟军登陆地点，就要求政府规定：“在未来16个月之内，禁止游客去英国南部旅游。”丘吉尔以英国是一个自由国家，不能干涉游客的行动自由为由，拒绝了这个要求。

现在战役就要进行了，保密工作如何已关系到行动能否成功，作为最高统帅的艾森豪威尔又把这个问题向丘吉尔严肃提了出来。最终，英国政府下决心采取一系列安保措施，政府规定：

1944年3月10日以后，英格兰南部地区与其他地区之间的非军事运输全部停止。除医生、有特殊工作的人员和少数特许的工作人员之外，其他人员只能步行或骑自行车。这条规定预示去英格兰南部的客车全部停开，游客也就无法到南部海岸了。

1944年4月1日，英国政府进一步规定从英格兰东部的沃什湾到西康沃尔半岛的顶端，从苏格兰东部的阿布罗思到福恩湾口的邓巴之间，纵深16公里的沿海岸地区列为军事禁区。外地来访者一律不准进入，当地的居民也不能随便出来。

间谍混入游客到南部去的途径被政府两条禁令封住了。

新闻记者虽无意泄露军事机密、危及国家安全，但采访与报道自由，却是对保卫机密的严重威胁。新闻记者笔下不经意的新闻资料，可成为敌人判断重大军事行动的线索。

艾森豪威尔深知其中之道，所以一到任就提出实施新闻检查制度，并给记者分类，受盟军信任的记者享有优惠待遇，其余的则受种种限制。但不论是谁，每篇稿件、每份电报和电传，都要经检查同意才能发出。为减少记者的抱怨，艾森豪威尔还诚恳劝记者说，报道涉及盟军登陆的任何消息，都将破坏盟国的共同利益。

在盟军官兵和记者、英国民众都被统管起来后，盟军情报部门又盯上另一个目标：各国外交官。

外交官的任务是发展与驻在国的友好关系，也肩负搜集驻在国的情报，然后报告给本国政府的职责，这是众所周知的事实。虽然德国无外交官在英国，但他们有很多特务已渗透到各中立国家进行活动，这些中立国家在英国都设有外交使团，要保证“霸王”行动的秘密不败露，蒙加将军又提出要求：政府应取消外交官的某些特权。

开始时，英国外交部对这个建议嗤之以鼻，认为荒唐，连丘吉尔也觉得这个要求是不能接受的。后艾森豪威尔通过外交途径，两次请求英国政府采取严格安保措施，再加上爱尔兰间谍事件，英国政府遂于4月17日宣布，采取空前未有的安保措施：暂时取消外交邮袋特权，用密语通信不予受理、投递，外国驻伦敦外交人员及其家属六月底以前不得离开英国，对各国大使馆实行警戒，防止外国间谍躲进使馆。措施实施后，外交使团的抗议声、指责声不断，但丘吉尔首相再次重申：“除了美、苏两国的外交官以外，其他各国无一例外。”

就是对苏联，虽然理论上和美国处同等地位，但实际上是有折扣的，在这里英、美也留了一手。俄国人极想了解“霸王”行动的详细内容，以便使苏军在东部战场采取同步行动。英、美想告之详细计划，又担心失密，不告诉具体日期，又无法同时配合行动。思来想去，达成这么一个方案：D日决定在6月1日的前后二三天内，具体则视天气情况而定（这倒是实话），登陆地点则一字未提，苏联想得到盟军西欧作战地图，英国政府也以伦敦与莫斯科相距遥远而予以拒绝。

爱尔兰，是英国的邻居，同居于英伦三岛上，因为在战时保持中立，所以德国和日本的大使馆都能在首都都柏林立足。因能方便地监视英国和向英国渗透派遣特务，因此轴心国外交使团大部分为军事、情报人员，德国对那里获得的情报极为重视。英国反谍报当局早就注意到德国人在爱尔兰的情报活动，便要求政府于1944年2月9日宣布停止英国与爱尔兰之间的一切民间旅行。但德国向爱尔兰派遣间谍活动仍未停止，又有两名间谍带着无线电发报机在爱尔兰着陆，没等到达德国使馆便被逮捕归案。

此事发生后，英、美政府于2月21日向爱尔兰总统德·瓦莱拉发出照会，要求爱尔兰立即关闭德、日驻爱尔兰大使馆，没收其无线电设备，断绝同德国、日本的一切关系。3 月 7 日，瓦莱拉总统以强硬的措词对英、美照会作了答复，不同意关闭德、日大使馆。不过，他还是派部队搜查了德、日驻都柏林的大使馆，没收了无线电设备。

针对爱尔兰的反应，英国又进一步采取措施。3 月 17 日，丘吉尔宣布，从即日起，英国将阻止爱尔兰的所有舰艇和飞机离开爱尔兰前往外国，切断英国和爱尔兰之间的电话、电报线路，中断与爱尔兰的海空航线，封锁爱尔兰各港口，实施经济制裁。

此举实施后，德、日外交官只能待在大使馆中，不能离开爱尔兰，也不能与本国和外界进行联系。德国用来监视美、英动向的“窗口”被完全封闭了。

泄密的常规渠道，被英国政府一一堵上了，是否“霸王”行动的秘密就能万无一失了呢？答案是否定的。

五月，春末夏初的季节，大西洋的海风经常光顾伦敦。一天，盟军陆军司令部办公室的两扇窗户突然被一阵大风刮开，放在桌面上的 12 张绝密文件，竟被风全部吹出窗外，在大街上飘飘悠悠地滚动着，这可是“霸王”行动的机密材料，军官们立即下楼，开始追逐这些纸张，好不容易找回了 11 张，剩下的一张，遍寻各处也不见踪影。

两小时后，有一位戴着深度近视眼镜的市民找上门来，对司令部卫兵室的卫兵说，他拣到了一张纸，上边密密麻麻印上不少内容，但极不容易看懂。说完，他把这张纸交给了卫兵，军官们一看，这张纸就是那遍寻不得的第 12 张文件。

这位市民是从哪里捡到这张纸的，他真没有看懂内容吗？他若没看懂内容又怎么会把它交到陆军司令部呢？他若看懂了，他有没有把秘密告诉他人？这一连串的问题，都要靠这个市民解答，可以后再也没有找到这位市民，也就永远没有答案了。

另一个突发事件发生在 D 日之前的大规模演习期间。4 月 25 日，盟军最高统帅艾森豪威尔与美军指挥官布莱德雷以喜悦的心情离开了伦敦，乘车来到了斯拉普敦。在这里他们将要观看大规模登陆演习。

登陆演习在莱姆湾外开始。到目前为止，还从来没有经受过战斗洗礼的美军第四师也参加了这次演习，他们从海上乘船来到这些与诺曼底没什么两样的海滩上登陆，美国的工程师们在登陆海滩沿岸一带修起了模仿敌人的钢筋水泥掩体和碉堡。

演习于4月26日早上7：30开始，美国第四师从驻地登上坦克登陆舰，船队起锚，在海上向斯莱普顿驶去，在那假设的诺曼底登陆。

航行十几小时之后，不幸发生了。在快到达斯莱普顿时，德国海军的快速鱼雷潜艇混了进来，并向这些登陆舰发射鱼雷进行攻击，两艘坦克登陆舰被击沉，一艘受重创。击沉的两艘坦克登陆舰上有官兵一千多人，其中638人阵亡。

盟军统帅部接到报告后，一面命令护航舰只迅速出击，一面查询是否有美国军官被德国人掳走。蒙哥马利命令立即向受重创的那艘登陆舰的生还者进行调查。情况很快查清楚：除阵亡外，失踪者503人，失踪者中包括一些知道“霸王”行动秘密的军官，失踪者的下落一是落海淹死，二是被德军掳走。失踪者如被抓走，“霸王”行动就有失密的危险，怎么办，盟军统帅部委派倍兹将军打捞尸体，彻底查清失踪者的情况。

倍兹马上来到现场，指派几十艘舟艇在德军鱼雷潜艇发动攻击的斯莱普顿进行大规模打捞尸体工作，海风阵阵，浪潮飞卷，每日变动的潮汐已把尸体冲向外海，打捞工作极端困难，要花费大量的人力和代价。经查，失踪者中有十位军官知道“霸王”行动的秘密，困难再大，也要把这十名失踪者找出来，否则要修改“霸王”行动，所花代价更大。

艰苦的工作有了结果：打捞第一天，就发现四具尸体，第二天，又找到了第五、第六具尸体，接着又捞起第七、第八、第九具尸体，还有最后一具尸体没找到。第三天，又全体出动，在出事的海域四处搜寻，晚上，仍然空手而归。“霸王”行动计划看来必须修改了。盟军统帅部的高官正为此而愁眉不展的时刻，海浪冲来了第十具尸体，打捞队欢呼起来。

这是胜利的前兆，“霸王”行动的秘密终于被保住了。

20年后，倍兹将军回忆说，对他来说，D日前的数周，如同一场噩梦，紧张得令人后怕。但这种紧张，获得了成果，堵住了德国人获得“霸王”行动秘密的最后机会。

五、诡道欺敌

诺曼底登陆是一场战略性的水陆两栖登陆战，完全不同于在太平洋上的美日之间的岛屿登陆战，只要登上滩头就意味着胜利。这是因为大陆纵深比较大，即使登上滩头，防守一方也可以从其他地方调来后备部队，组织反击，将登陆一方赶下海。所以诺曼底登陆成功的关键就在于登陆的最初两周里，顶住德军的反击，建立起统一巩固的登陆场。但是盟军在占领大港口之前，单凭登陆滩头的人工港，只能运送12~15个师（其中装甲师1~2个），并保障这些部队的粮、油、弹补给。反观德军，虽然在诺曼底只部署了6个师，但在三天里就可以从各地调来25~30个师（其中装甲师7~8个）投入反击。这么大的兵力对比劣势，让盟军几乎没有取胜的可能，换句话说，只有阻止德军的增援到达诺曼底，才有取胜的可能。为达到阻止德军增援这一目的，盟军采取了双管齐下的办法，一方面利用强大的空军全面轰炸法国西北部的铁路、公路目标，封锁通往诺曼底的交通，使德增援部队不能到达；另一方面则是展开战略欺骗和伪装，使德军统帅部相信在诺曼底登陆之后，还会有另一场更大的登陆，所以不能把援军调往诺曼底。盟军所要做到的，就是如孙子所说的那样：“兵者，诡道也。故能而示之不能，用而示之不用；近而示之远，远而示之近。攻其无备，出其不意。”

这场战略欺骗的复杂性、巧妙性和困难程度都是空前的。如果说这种欺诈行动的最终成功改变了欧洲乃至世界的历史进程，应该说也并不过分。作为整个诺曼底登陆战役中最隐秘的部分，有关战略欺骗的详细文件直到1950年代后在解密的档案中也只公开了其中的一部分，还有一部分，后人只能从推测和想象中略窥一二了。

1943 年 12 月，由盟军最高司令部副参谋长摩根中将提议，制定相关的欺骗和保密措施，以确保登陆的成功。这项计划代号为“杰伊”。该计划的参与机构包括：英国军事情报局、特别行动局、反情报局、双十字委员会、政治战执行处、美国战略情报局（中央情报局的前身）、联邦调查局等，以及盟军陆、海、空三军情报部。核心部门是英国伦敦监督处，该处办公地址在丘吉尔战时内阁所在地大乔治街 2 号，主要负责制订和实施战略性的欺骗、侦察行动，并协调英国与盟国情报机关共同组织重大的行动。该处的格言是机智、狡猾和精致，徽章是半人半羊的农牧神萨图恩的雕像，萨图恩是古罗马神话中专门兴风作浪的小精灵。时任处长是英国陆军中校约翰·比万，他的绰号是诈骗总管。虽然他职务和军衔不高，却拥有很大权限，甚至有时丘吉尔、罗斯福都要遵照他的要求安排活动或发表声明。

1944 年 1 月，“杰伊”计划改称“刚毅”计划，其目的主要有两个：一是通过各种途径，诱使德军分散在欧洲各地，从而使德军在法国，尤其是诺曼底地区的守军降低到最低限度。二是要千方百计让希特勒和德军将领相信盟军登陆的地点是加来，诺曼底登陆只是一场佯攻，目的就是诱使德军过早投入后备部队，从而为下一次更大规模的主攻创造条件。同时通过一切手段迟滞德军对诺曼底盟军行动的反应速度。

比万首先设计了在巴尔干地区实施的代号为“齐柏林”的行动。1994 年初苏军已将战线推进到罗马尼亚和匈牙利边界附近，两国当时都是轴心国的成员，但现在看到德国大势将去，苏军早晚会越境追击，两国为自己的前途各怀心思，并不约而同地想步意大利后尘，改旗易帜以图保全自身。于是罗马尼亚政府中的反对派和匈牙利政府以首相卡劳伊为首的亲西方派，便偷偷摸摸地开始与英美方面接触，探讨改换门庭的可能性。比万决定利用罗、匈两国的心态做文章，借此机会让德国在巴尔干战线部署更多的兵力。老谋深算的比万采取了所谓“泄密”手段，在英国广播公司的节目中，有意无意地把罗、匈与盟国之间的“地下活动”公之于世。

希特勒得知自己的盟友在背后搞小动作，不禁勃然大怒。他不能容忍“第二个意大利”的出现，于是决定抢先下手，令陆军司令部拟订了两个代号分别为“玛格丽特一号”和“玛格丽特二号”的计划，在必要时占领匈牙利和罗马尼亚；此后又不顾西线司令部的反对，从法国抽调了3个精锐的装甲师和1个步兵师赶赴巴尔干，率先执行“玛格丽特一号”计划，于3月19日占领了匈牙利全境。而已经与西方盟国建立了联系的卡劳伊则躲入了土耳其驻布达佩斯公使馆。由此，匈牙利东部成为了德国的作战区域。希特勒在巴尔干地区的行动制止了可能发生的“叛变”，但此举的代价是令西线德军防御力量失去了4个整师的兵力，其中包括3个精锐装甲师。

差不多同时，比万又在北欧的挪威实施了代号为“北方刚毅”的计划。1944年1月，比万和美军情报官鲍默跑到苏联，与红军最高统帅部情报机关签订了一个秘密协议，在苏方协助下摆出了一副“英苏准备联合进攻瑞典和挪威”的假象。这次一贯多疑的斯大林为配合盟国，也原则上答应了在6月上旬之前苏军不在东线发动大规模攻势的要求。英国情报机构为了达到以假乱真的目的，还在苏格兰的爱丁堡虚设了一个盟军“第4集团军”，并放风说该“军团”正在进行适应北欧地区气候环境的作战训练，同时在苏联境内也设立了类似的“作战单位”。比万还用无线电技术与德军搞“电波游戏”，使德军通过无线电侦听和定位技术，“确实”测出了这个所谓“第4集团军”的位置，甚至还出动空军进行过轰炸。

“北方刚毅”计划再次成功骗过了德国情报部门，希特勒也上了当。面对英苏两国的“动态”，德国最高统帅部在挪威保留了多达数十万的国防军作战部队，直至战争结束他们也没有离开那里。比万的计划把相当部分德军分散到了东欧和北欧，使登陆行动正面战线的德军力量得到了有效的削弱。

但最重要和最艰巨的行动，是要使德国最高统帅部和希特勒相信：盟军登陆的地点“是在加来而不是在什么其他的地方”。在即将开始的反攻战役中，对盟军威胁最大的依旧是德军的装甲师，这也是德军企图在滩头消灭盟军的重要资本。当盟军多达8个师的第一批登陆部队（其中有3个空降师）从诺曼底一踏上海岸，其主攻方向也就没什么秘密而言了，这样隆美尔会立即把驻扎在加来和其他地区的部队调往诺曼底，压向海滩登陆场，诺曼底的盟军就很可能要面临灭顶之灾。为此，比万在艾森豪威尔等盟军高级将领的配合下又搞了一个令人瞠目结舌的大欺局“南方刚毅”计划。

“南方刚毅”计划的主要目的就是在登陆日前，想方设法让德军指挥机构确认加来是登陆点，并在登陆后尽量拖延德国最高统帅部做出正确判断，使盟军能够抓紧时间建立和扩大滩头阵地，加速后续部队和物资的上岸速度，在最短的时间内冲出诺曼底的滩头阵地，进入开阔的法莱兹平原，展开内陆机动作战。这实际上是一项相当“伟大”的计划，比万和盟国各个部门配合默契，搞了一连串令人眼花缭乱的，甚至若干年后仍不为人们所知晓的骗术，也创造了战争史上的一个“奇迹”。

“南方刚毅”计划中的核心人物，就是美国的乔治·巴顿陆军上将。巴顿和隆美尔一样，都是骁勇善战的坦克战专家，他在北非突尼斯和意大利西西里岛的卓著战功，不但使其在盟国方面成为家喻户晓的人物，在德军中也享有很高的声誉。据说隆美尔元帅率领德国“非洲军团”在北非作战时，无论走到哪里都随身携带着巴顿的相关资料和照片，时刻提醒自己所面对的是一个强悍的对手。作为德军西线防御的指挥官，隆美尔和德国统帅部当然会很注意巴顿这个老对手的行踪。事实上，隆美尔的判断也没有错，巴顿在即将开始的诺曼底战役中确实起到了十分特殊的作用。他率领的美国第 3 集团军将是碾碎德军西线防御的铁轮、刺向德军心脏的利剑，可以说是“霸王”计划中盟军的“秘密武器”。但在得到上述一系列的“荣誉”之前，巴顿首先必须扮演一个“骗子”的角色。英国情报机构也正是由于看中了巴顿在敌军将领心目中的特殊地位，才决定利用他来达到“南方刚毅”计划的目的的。

从 1943 年秋天开始，巴顿开始频频出现在地中海沿岸，在开罗、马耳他、科西嘉和西西里一带东游西荡。而地中海对岸的德国情报机构也紧紧盯着这位美国陆军上将的行踪，一刻也不敢松懈。过了一段时间，巴顿突然间“神秘地消失了”，地中海沿岸再也看不到他的踪影。随后德国人收到了他们在英国的间谍的报告，说巴顿在英格兰东部又露面了。

巴顿于1994年初到了英伦三岛，不久就开始在英格兰东南部肯特郡的街头“招摇过市”，今天视察，明天演讲，还频繁拜访当地政要、社会名流、军界旧友和去教堂做礼拜。美国许多有影响的报纸也报道了有关“巴顿将军已到达英国”的消息。在不久之后的一个公开场合，艾森豪威尔将军对采访的媒体记者说：“巴顿现已不担任第7集团军的司令了，另有任用。”德军西线司令部情报处加紧对这一系列耐人寻味的事件进行调查分析，发现在巴顿出没的地区似乎有异常的“军事调动”，德军无线电侦听站“发现”在英国东南部似乎有一个“美国第1军团”存在，而从当地的报纸广播中也能找到些支离破碎的信息，仿佛这个“第1军团”的“司令部”并不在肯特郡。德国情报机关日夜监视，收集各方情况并经过综合分析，最后得出了“驻扎于英格兰东南的美国第1军团由巴顿率领，并且将是进攻加来地区的主力部队”的结论。

这一切都是“南方刚毅”计划中的一个重要组成部分，巴顿是其中的主角。英国人把拍电影的那一套搬到了英格兰东南地区，用制片厂的道具搞了许多“军车”、“坦克”、“飞机”和“大炮”放在岸上，在木制“登陆艇”下面放上空汽油桶使其漂在水面，再找一些老弱残兵扮作“水手”到处走动。每当白天时，海滩上便车来船往、尘土飞扬；夜幕降临后，海滩上更是灯火通明、人声鼎沸，一派繁忙景象，使人感到有大部队正在进行登陆前的紧张准备。

盟军的欺骗术产生了效果，德国最高统帅部和西线司令部对于盟军的登陆地点在看法和判断上产生了错觉和失误。西线德军将领们在诺曼底和加来之间拿不定主意，希特勒和最高统帅部的参谋们也被盟军的战术搞得无所适从，时而觉得每一个地方都可能出问题，时而感到法国西北部沿海最危险，时而又把注意力放在北欧的挪威。最终，德国最高统帅部和西线司令部的高级将领们都认为盟军反攻的主力方向是加来地区，但不排除会在包括诺曼底在内的其他区域展开佯攻作战。隆美尔根据最近一个时期有关盟军动态的情报，特别是从自己与蒙哥马利交战的经验和巴顿的“第1军团”

在英格兰东南部部署等方面分析，越来越觉得加来是盟军反攻的主攻方向。西线司令部情报处处长罗恩纳上校也持同一观点。

另外，西线司令部的将军们十分清楚，盟军在登陆时应选择路途较近，特别是不能离开战斗机保护范围的线路。而从英格兰南部几个主要空军基地起飞的飞机作战半径所能达到的最理想区域包括了布列塔尼半岛、瑟堡半岛和加来。他们认为，艾森豪威尔如果选择在加来登陆，可以达到把隆美尔的 B 集团军群第 7 和第 15 集团军分割开来的目的，更可以直取巴黎，西线绝大多数德军指挥官也都基本上倾向于此种观点。随着各种迹象发展的趋势，德国最高统帅部也确信盟军会越过多佛尔海峡在加来地区实施登陆行动，甚至在诺曼底战役已打响多日后仍未改变这种看法，认为那不过是盟军的佯攻行动，主攻方向还是在加来海岸。

尽管如此，德军西线指挥机构也并没有放松对诺曼底地区的防御。早在隆美尔奉最高统帅部之命到西线视察沿海防务时，就已发现诺曼底的防卫力量相对于加来而言有些不足。当他正式担任 B 集团军群司令后，曾经想从第 15 集团军调些兵力补充诺曼底的防卫，但由于没有得到希特勒和最高统帅部的同意，隆美尔只好从第 7 集团军的其他防区调兵，其中就包括从圣洛调到“奥马哈”海滩的精锐的第 352 步兵师。

希特勒生性多疑，尽管他自己也同意加来是盟军最有可能的登陆区域这个判断，但在内心深处却始终对诺曼底放心不下。他曾经想过要增加诺曼底的兵力，但另一只眼睛又死死盯住正在加来对面英格兰东南海岸厉兵秣马、伺机渡海的巴顿和他的“美国第 1 军团”。希特勒坚持认为盟军在发动主攻时必有佯攻在先，因此不能分散防御兵力，所以经过反复考虑最终也没有去动第 15 集团军。

现在，“霸王”计划的准备工作也进入到最后阶段。从年初开始的大规模空袭行动收到了令人满意的效果，经过英美空军对法国北部从沿海到内陆的持续猛烈的“纵深轰炸”，德国占领区内的铁路公路系统已接近瘫痪，军事设施的生产能力也已临近最低水平，大部分的桥梁都在空袭中被摧毁，其中包括塞纳河及卢瓦尔河上的绝大部分桥梁。加来和诺曼底周围的交通枢纽遭到了重大破坏，铁路调车场和机车维修库已不能使用，1 万多辆机车和 1.6 万节车厢被炸毁，铁路交通陷入一片混乱之中，整个法国西北部已基本上成为“无铁路区”。盟军这种“遍地开花”式的轰炸，一方面有效地破坏了德军反攻时必须使用的交通运输线，大大削弱了德军的机动能力，延缓了反登陆作战的速度；另一方面也使德军指挥机关始终搞不清楚盟军的轰炸重点和真实目的。

当6 月6 日，诺曼底登陆战役打响后，德军西线总司令龙德斯泰特元帅凭着不错的军事嗅觉，立即判断出这是盟军的主攻。他立即向希特勒请求从各地抽调 17 个师实施反击，获得批准。6 月 9 日盟军发现驻波兰的2 个党卫军装甲师和驻加来的第 15 集团军都开始向诺曼底移动，而且德军更换密码，使用一种新的盟军没有破译的密码，这一切令盟军最高司令部和伦敦监督处感到不安，难道所有的努力都付诸东流吗?

这时候发生了一件偶然事件，德军在盟军登陆的“奥马哈”滩头发现两具美军军官的尸体，在他们身上找到了来不及销毁的美第 5 军和第 7 军在登陆中的所有作战方案。当这份作战方案交到德军统帅部时，德军西线情报处处长罗恩纳觉得蹊跷，不由想起在 1943 年盟军在西西里岛登陆前，盟军使用一具精心准备的尸体，携带假的撒丁岛登陆计划，装作溺水身亡的样子，顺潮汐漂到西班牙海岸。德国获得这份假作战计划后，将防守力量都调到撒丁岛，从而大大削弱了在西西里岛的防御，最终使盟军乘虚攻占了西西里岛。罗恩纳认为这又是盟军的拙劣把戏，再加上从“加宝”和“繁荣”抵抗小组等各方面获得的情报，认为盟军的真正主攻将会在加来。德军最高统帅部总参谋长约德尔上将也同意这一观点，两人极力向希特勒说明诺曼底登陆仅仅是牵制性的佯攻，最终使希特勒在6 月 9 日召开军事会议重新讨论反击计划。已经被战局搞得晕头转向的希特勒又赶紧下达“从加来开往诺曼底的装甲兵和步兵立即停止前进”的命令。这样，配有重型装备和久经沙场的德国第 15 集团军依然留在了加来。希特勒的昏庸决定在关键时刻救了盟军，如果第 15 集团军进入诺曼底战场，其后果是难以想象的。

6 月 10 日，美国陆军总参谋长马歇尔上将赶到伦敦，和最高司令部、伦敦监督处的人员一起密切关注德军动态，并讨论是否要轰炸塞纳河上所有桥梁，包括巴黎市内的桥梁，以阻止德军的增援部队。午夜时分，机要秘书送来刚收到的消息：希特勒命令第15集团军返回加来，并让西欧其他地区的德军火速增援加来，所有的人都如释重负。尽管诺曼底的战斗还在激烈进行，但大家都清楚，登陆已经胜券在握了。但最吃惊的却是比万，他从来没有想到“刚毅”计划会取得如此大的成功。英军参谋总长布鲁克元帅说：“既然希特勒是这样的大傻瓜，我们怎么会用这样长的时间和这样大的精力才打败他呢?”接着，英国首相丘吉尔和英国情报局局长孟席斯来到最高司令部，高度评价了“刚毅”计划的组织实施：在英国情报部门悠久的历史中，这是登峰造极的成功!

这一切围绕诺曼底登陆的战略欺骗和保密计划，成为保障登陆成功的护身符。正如丘吉尔所言：“战争中真理是如此宝贵，以至于我们要用谎言来保卫。”

六、棘手的时间选择

当登陆作战的准备工作行将结束，盟军最高统帅的参谋部已经转移到朴茨茅斯时，对于同盟国远征军最高统帅艾森豪威尔将军来说，最棘手的问题之一莫过于最后选择登陆日期(“D日”)和时间(“H时”)了。

围绕登陆日期“D日”和时间“H时”，盟军三军曾展开过长期激烈的争论。

陆军一直坚持，为保证登陆的突然性和上岸后的作战，最重要的是登陆兵第一梯队必须在黑暗中渡过英吉利海峡，在白天上陆。而该地黑暗时间不长，因为在那个纬度上，6月份3点钟天就发亮，4时30分就大亮了。

就具体确定“H时”而言，陆军认为要认真考虑潮汐这个特殊的因素。在诺曼底这一段海岸，平均潮差5.4米，最大潮差7.5

米，海滩的坡度很小，每30米才升高30厘米，低潮时滩头纵深长达300多米。在这种情况下，陆军希望第一梯队在快到高潮时上陆，以缩短部队通过暴露的海滩所需要的时间，并能在“D日”第二次高潮时使第二梯队也顺利上陆。

与此相反，海军却赞成在低潮时登陆，因为此时舰艇可以在抗登陆障碍区以外抢滩，而海军工兵爆破队可在高潮到来之前排除抗登陆障碍物。

空军只提出一个条件，登陆当夜必须有良好的月光以便空降作战。

三方各执己见。

为了把“D日”和“H时”最后确定下来，同盟国远征军最高统帅部于1944年5月1日召开会议。

经过几天的争论，通过了一个折中方案，决定“H时”应在最低潮之后1~3小时，在日出之前12分钟到日出之后90分钟之间，即恰好高潮与低潮中间上陆。

会议最后决定：由于5个登陆地段的潮汐情况各不相同，因此，分别规定了5个不同的“H时”，最早的“H时”（6时30分）和最晚的“H时”（7时55分）之间相差85分钟。除了满足部队对潮汐和日光的要求外，计划人员还查阅了气候年鉴，找出了有利于飞行员飞行的月光日期，以便把“D日”安排在有满月的日子。

这样，在1944年6月上旬，基本符合三军要求、唯一能够利用的日子只有5、6、7日。

5月23日，艾森豪威尔考虑到进一步确定“D日”的日期已刻不容缓，于是，他把6月5日暂定为“D日”，并把6日和7日作为天气不好需要推迟时的替换日期。这三个日子和预定的“H时”十分机密，直到5月28日，当盟军海军司令拉姆齐将军发出“执行‘霸王’作战”的信号时，才将“D日”和各登陆编队的不同的“H时”通知各指挥官。

七、最后时刻的到来

实施登陆作战的准备工作一切就绪，287 万将士只等着“D日”的到来。

然而，天有不测风云。

在临近关键的预定登陆日期——6 月 5 日时，天公却不作美，大雨倾盆，狂风大作。从 6 月 1 日开始，大西洋上空大气扰动正在形成，几个低压槽正向纽芬兰和爱尔兰之间接近，这预示着英吉利海峡将出现一段较长时间的恶劣天气。天气的变化使艾森豪威尔焦急万分。往年春季，英国只下蒙蒙细雨，但是今年，狂风裹着暴雨，席卷着整个英格兰。

从 6 月 1 日起，艾森豪威尔每天两次同高级将领们一起听取天气预报，一次是早晨 4 时，另一次是晚上 9 时 30 分。会议是在朴茨茅斯附近的索思威克大楼的食堂举行。这是个很大的房间，三面排列着高大的书柜，室内有一张桌子和许多椅子。另一面墙上分成上下几排挂着一张张气象形势图。

气象委员会成员有英国人，也有美国人。他们的领导是斯塔格空军上校，这是一位性格倔强、行动机灵、作风谨慎的苏格兰人。

会上，通常先由气象专家们介绍气象发展的动态，然后是专家们与司令官们的热烈讨论。讨论是非常严肃的，每一点迹象都被认真地提出来，由专家周密地分析，再由司令官仔细研究。

可是，随着关键时期的来临，英吉利海峡的天气却一天比一天更令人担心，因为出现适宜天气的希望越来越小了。

6月2日，整个北大西洋上空充满着连续性的低压气层，前景暗淡。

6月3日，出现西风带不稳定天气，在格陵兰岛和亚速尔群岛的上空各有一个高气压，而位于两个高气压之间的低气压向东及东北方向横越大西洋，风和海浪情况很可能使6月5日不能成为“D日”。

6月4日，天气仍不见好转，预报说云层低，风大，波涛汹涌。这些情况预示着登陆是极其危险的。因为在这样的天气中，空中支援是不可能的，海军的炮火也将失效，甚至连驾驶小艇也是异常困难的……

这一天对于挤在小小的登陆艇上挨雨淋的士兵来说，是难受的一天，而对守在岸上的高级指挥官们来说，则是最忧虑的一天。高级将领们为天气发愁，艾森豪威尔更担心推迟行动会带来巨大的不利。

多么该死的天气！

艾森豪威尔在权衡了所有因素之后，决定把原定于6月5日发动的进攻推迟。

6月5日凌晨，刮来飓风般的大暴风，把艾森豪威尔营地的帐篷吹得东摇西晃，随之而来的是铺天盖地的滂沱大雨。

艾森豪威尔及其随员们在泥泞道上走了近2公里，于3时30分准时来到海军司令部参加气象汇报会。

汇报会一开始的气氛十分沉闷，每个军官的脸上都很忧郁。

气象委员会主任缓慢而认真地报告说：“前一天预报的法国海岸的恶劣天气已经在那里实际出现。如果我们坚持要在6月5日实行登陆，肯定会遭到巨大灾难。”

气象主任首先报告这一点，可能是想使在座的将军们更加相信他的气象预报是十分准确的。他接着说：“预计到6月5日18时，有两个低压系统将要在赫布里底群岛附近合并成一个低气压，在这个气象图上标号为D_1。”

气象主任一边说着，一边指了指挂在中央的一幅气象图，接着说：“在未来24小时内D_1将被填塞，英吉利海峡中的风力将减弱到4级，云量也将减少。”

“从6月6日早晨开始，将会有两天的好天气，5级西到西北风将逐渐减弱并转为西南风，最低云层高300米、浪高6米，在这样气象条件下，运载空降兵的飞机将不会出现混乱，舰船在海上保持航向虽然有点困难，但对其作战行动影响不大。登陆区域内海浪较低，拍岸浪也较少，可以实施强登陆……”

听到这个消息，在座的将军们个个喜出望外。

气象主任并不为将军们的欣喜所鼓动，他仍然不紧不慢地说：“两天之后可能还会出现狂风暴雨，暴风雨会持续多久，现在从气象图上还不能肯定……”

这一预报使刚刚活跃了的会议，又一下子变得沉闷起来。

究竟是冒险于6月6日行动，还是再将进攻延期至少两周呢？这一生死攸关的抉择摆在了艾森豪威尔将军的面前。

艾森豪威尔权衡再三，作为一个军事家，艾森豪威尔深知战场上必需的冒险行动是多么的重要，他有理由坚信，此次他在充分准备基础上的冒险是值得的，于是他最后决定：只要明天的天气情况得到进一步证实，就立即开始行动。

海军司令拉姆齐将军敏锐地感觉到，这次最高司令的决定是肯定的了，于是他发出了必要的命令，最后确定了第一波登陆时间，即“H时”：

……

朱诺左区/朱诺右区，7时35分/7时45分；

奥马哈区和犹他区，6时30分。

随即，艾森豪威尔再次征求各位指挥官的意见，蒙哥马利与以往一样，急待发起进攻，海军司令拉姆齐表示同意，空军司令马洛里却忧心忡忡，他担心这样的天气空军不能出动，即使出动，也不能准确实施轰炸，但是最后他还是同意了。

听完了在座的将军们的意见，艾森豪威尔独自默默地坐在大书柜前面的沙发上，沉思片刻，最后，他举目仰视做出了成败在此一举的决定，斩钉截铁地说：“好！我们进军！”

此时，正是6月5日4时15分。

命令一发出，所有的人都跑出屋忙自己的事了，房间里只剩下艾森豪威尔将军一人。他独自默默地坐在大书柜前面的沙发上，沉思许久。然后，轻轻走到桌子前细心地用铅笔写下几行字。他深知，如果盟军登陆作战进攻不利，他就会忙得一塌糊涂，那时他将腾不出手来写任何东西。他此刻应该起草一份公报，以备发表。

他写道："我们在瑟堡—勒阿弗尔地区的登陆失利，没能占领一个令人满意的立足点，部队被迫撤退"。艾森豪威尔舔了舔铅笔，划掉了最后几个字，然后补上："我们把部队撤了下来。"他继续写到："我决定在此时此地发动进攻，是根据所得到的最好情报做出的。陆军、空军和海军都恪尽职守，表现出极为勇敢的献身精神。如果谴责此次行动或追究责任的话，应由我一人承担。"然后，他郑重地签上了自己的名字。

天知道，艾森豪威尔做出了一个多么困难的决定。

英国首相丘吉尔在战后的回忆录上，是这样评价艾森豪威尔所作的这个决定的："回顾这个决定，确实令人钦佩。事态的发展充分地证实了它的正确性，而且我们之所以能够获得可贵的出奇制胜的机会，也多半归功于它。"

第四篇

海峡狂飙

对于漫步在诺曼底公墓上的人来说，诺曼底登陆的胜利是微乎其微的。但无论怎样，它确实在改变德国的命运中起了决定性的作用。总之，它算是一次史无前例的冒险，甚至可以说是赌博。盟军之成功应归之于人事，而德军失败则可归之于人命。兵凶战危，可不慎哉。究其成败，的确引人深思……

一、成功的空降

1944 年 6 月 6 日——这一天，距最后一名丢盔弃甲的英国远征军士兵从敦克尔刻渡海逃回英格兰的那个难忘的日子已经整整 4 年了——这将是一个永载史册的伟大时刻。随着艾森豪威尔将军的指令，伟大的诺曼底登陆战役正式打响。

凌晨，6000 多艘盟军舰只点火升旗，起锚出航，在颠簸中驶向宽阔的海峡。盟军航空兵的重型轰炸机腾空而起，携带着 9000 多吨炸弹飞向德军海岸炮群和防御工事。而在舰队出发之前几小时，海军的扫雷舰也已将从怀特岛到诺曼底海岸的航道中的全部水雷都扫清了。然而，第一个踏上诺曼底土地的盟军士兵不属于任何一个国家的陆军和海军登陆部队，而是那三个英勇的空降师的将士们。这是由于在最初的一两天里，盟军只能登陆 6 ~ 8 个步兵师，而只有在建立起可供装甲师展开的大登陆场后，才能将装甲师投入作战。如果在装甲部队登陆前德军突破了登陆部队的防线，就将给登陆带来灭顶之灾，所以空降兵的行动在登陆初期对于整个登陆的胜利是至关重要的。

在诺曼底登陆中盟军空降兵的任务是在登陆滩头两侧距海岸 10 ~ 15 公里的浅近纵深空降，阻止敌预备队的增援，并从侧后攻击德军海岸防御阵地，配合海上登陆。参战的空降部队是美军第 82 空降师、第 101 空降师和英军第 6 空降师，这是盟军在欧洲全部的空降兵力。由美军第 9 运输机联队和英军的 2 个运输机大队担负空中运输，共计投入运输机 1800 架、滑翔机 1200 架。他们从英国南部的15个机场出发，空降距离200~250公里。各空降师均分为突击、后续、海运三个梯队，由伞兵团组成突击梯队于登陆前5小时伞降着陆，滑翔机机降步兵团为后续梯队于突击梯队伞降后15小时机降着陆。空降师建制里的坦克、装甲车等重装备及其余部队组成后续梯队在登陆场巩固后海运登陆。计划空降时间为6月6日凌晨1时，登陆时间为6月6日6时30分。

6月5日20时，盟军出动2775架轰炸机，在诺曼底海岸96公里的登陆场正面投弹9267吨，进行长达两个小时的直接航空火力打击。但由于夜色沉沉加上天气恶劣，未取得预期效果，只对德军防御阵地起到了暂时的压制作用。

6月5日22时，盟军起飞两批飞机，第一批24架于6日1时10分在勒阿弗尔至莱塞的广大地区空投了2000具假伞兵和一支8人的特别小分队。假伞兵一落地就自动点燃鞭炮模拟射击的枪声，特别小分队落地后设置音响模拟器，发出事先录制好的枪声、炮声、军官的下令声、士兵的讲话声、汽车行驶声等各种声音，造成到处都有空降兵的声势。各地的德军纷纷向指挥部报告，一时间德军指挥部收到大量报告，有的报告盟军空降兵着陆，有的报告盟军空投假伞兵，真假难辨、前后矛盾，严重干扰和影响了德军指挥部的判断。第二批26架飞机，每架载13人的空降引导组，于6日0时16分在各预定地区空降。除了两个组被德军消灭，一个组未及时到达外，其余23个组都按时设置引导信号，标示出空降场，为接下来的大规模空降作好了准备。

6月5日23时，3个空降师的突击梯队共24个伞兵营，17210人，分乘1038架运输机起飞。艾森豪威尔亲自到第82空降师的出发机场为出征将士壮行。所有飞机的机翼和垂直尾翼上都涂有三道白杠作为识别标记，采取九机品字形密集队形，以36~45架组成梯队，飞行高度1500~1800米。由于航行途中天气恶劣，编队偏离预定航线，而且队形混乱。到达诺曼底上空后又遭到德军高射武器的射击，使得跳伞高度由预定的150米增加到500米，飞行时速由180公里增加到330公里，地面风速高达每秒10~15米，所以伞兵着陆非常分散，还有很多人在着陆时受伤。加上德军事先打开水坝的闸门，河水淹没了大片草地，导致很多着陆场成了沼泽，使不少预计在草地上降落的伞兵一降落就面临被淹死的厄运。尽管困难重重，但各伞兵部队的小伙子们一落地还是马上按计划立即投入战斗。

■ 盟军成功空降

美军第101空降师的突击梯队由伞兵第501、502、506团及加强分队组成，共6800人，由师长泰勒少将指挥，搭乘432架运输机，计划在卡朗坦以北着陆，夺取犹他海滩后方的四条通路，控制杜佛河上的桥梁和渡口。

第501团计划以第1、2营夺取杜佛河上的桥梁，第3营则作为师预备队。不幸的是第1营正好降落在德军的反空降地区，遭到很大伤亡，营长、连长非死即俘。团长霍华德·约翰逊亲自指挥该营的残部约150人，先占领卡朗坦水坝的水闸，再收拢一些零散人员后，企图夺取杜佛河上的桥梁，在途中遭德军阻截，无法继续前进。约翰逊利用团部的海军联络员同海面上的美军“昆西”号巡洋舰建立了无线电联系，这是当天为数极少的有效海陆联系。他借助巡洋舰的炮火击退德军的反击后，见兵力太少无法按计划夺取桥梁，便指示巡洋舰炮轰桥梁，企图摧毁桥梁，可惜射程太远未能如愿。第2营营长巴拉德中校集合起大部分人，却因德军顽强抗击，也无法夺取桥梁，只得凭借有利地形组织防御，就这样他们都没能完成团部部署的任务。第3营作为师预备队，原本负责警戒师后续梯队的机降地区，但师长发现全师着陆情况非常混乱，为了确保完成101师的主要任务，于是命令第3营立即夺取海滩后的一号通路。3营在营长尤厄尔中校的指挥下于6月6日早8时占领了一号通路，并击退德军的反击，不久与海上登陆部队会合。

第506团由罗伯特·辛克上校指挥，计划夺取第一、第二号通路，炸毁勒波特附近的两座桥梁。由于该团着陆情况非常糟糕，在81架运输机中只有10架将人员空投在预定地区，其余都偏离目标很远，最远的距离达32公里。第1营营长只集合了50人，赶到一号公路时发现已被501团3营占领，便返回团部待命。第2营错降在第502团地区，营长斯特雷耶中校集合了200人，虽因电台丢失，无法与团部联络，但仍按照预定计划于下午赶到霍登维尔，夺取了二号公路。第3营的任务是夺取或炸毁勒波特附近的两座桥梁。由于预定空降地区地形平坦，德军料到盟军必定会在此空降，进行了反空降部署，所以落在空降场的伞兵一着陆就遭到德军的猛烈射击，全营包括正、副营长在内几乎全部阵亡。万幸的是大部分飞机因迷航而偏离航线，所空投的伞兵都落在空降场外，侥幸逃过这一劫，但失去了指挥官后该营没能集合起来，只有营作战参谋谢特尔上尉集合了54人，越过沼泽，一举攻占了两座桥梁，并按规定作好了炸桥准备，一旦发现德军增援就立即炸桥。

6月6日1时20分，101师的后续梯队152人及反坦克炮等重装备分乘52架滑翔机起飞，于4时许在预定地区着陆。当天下午第二批后续梯队157人及补给分乘32架滑翔机前来增援，但由于降落地区有德军设置的反机降木桩，使滑翔机受到很大损失。至6月6日黄昏，第101师共空降6800人，阵亡182人，伤557人，失踪501人，集合起来2500人，他们夺取了海滩后面的四条公路和勒波特附近的两座桥梁，完成了预定任务，并在6日下午与美第7军的先头部队会合。

美军第82空降师的突击梯队由伞兵第505、507、508团和加强分队组成，共6800人，由师长李奇微少将指挥，搭乘369架运输机，计划在圣曼伊格里斯以西的梅特勒河西岸空降，任务是攻占圣曼伊格里斯，控制梅特勒河从拉菲埃尔至薛夫杜邦之间的桥梁和渡口，保障美第7军通过梅特勒河。

第505团由威廉·埃克曼上校指挥，计划在梅特勒河东岸着陆，以3个伞兵营分别攻占拉菲埃尔、诺维尔奥普兰、圣曼伊格里斯。第1营由于飞机偏离了航线，空降时又极为分散，着陆后营长凯拉姆少校只集合起极少数人，在向拉菲埃尔前进途中遭德军阻击，营长、代理营长先后阵亡，没能完成占领拉菲埃尔的预定任务。第2营在预定地点着陆，营长范迪沃特中校在着陆时踝骨骨折。他让士兵用手推车推着他，成功集合起一半人，完成向诺维尔奥普兰的进攻准备，正要发起攻击时，接到团长的紧急命令，指示由于没有第3营的消息，为了确保完成团的主要任务即攻占重要交通枢纽圣曼伊格里斯，第2营改变原定任务代替3营去夺取这一重要目标。范迪沃特留下特纳中尉率42人监视诺维尔奥普兰之敌，自己率其余人立即向南进攻圣曼伊格里斯。特纳的小分队后来顽强战斗8小时，击退德军向圣曼伊格里斯北翼的反击。第3营在预定地点着陆，营长克劳斯中校集合了180人，在当地法国向导的带领下，借助夜色掩护，以偷袭手段一举攻占圣曼伊格里斯，只是由于通信中断无法及时向团部报告。随后和赶来的第2营一起组织防御，击退德军多次反击，牢牢控制住了这一重要的交通枢纽。

第507团由乔治·米利斯上校指挥，计划在梅特勒河西岸着陆，夺取勃凡斯，控制从西北通向梅特勒河的道路。因为引导组被德军消灭，没有标识出空降场，空降兵大多错降在沼泽里，所以第1营仅集合了100人，向拉菲埃尔进攻。第2营营长蒂姆斯中校集合了50人，向恩第雷维尔进攻，但因兵力太少，进攻失利，被迫就地转入防御。第3营着陆极为分散，根本无法发动有组织的进攻。而且该团团长在着陆后第二天被俘，后由2营营长蒂姆斯率领全团残余人员集中在拉菲埃尔附近，全力夺取梅特勒河上的桥梁。经数小时激战，未能完成预定任务。但该团仍夺取了几个重要高地，牵制了德军的兵力。

第508团由林奎斯特上校指挥，计划在杜佛河以北着陆，占领邦拉佩，控制杜佛河上的渡口。第3营为师预备队，由于运输机在空降时遭到德军防空火力的射击，只好在高空投下伞兵，致使空降兵着陆很分散。该师师长李奇微，也就是后来朝鲜战争中的美军总司令，回忆说当时他空降落地后没有遇到部下，但幸运的是也没有遇到敌人，而且还好很快就集合起师部的部分人员，只是军官人数大大多于士兵，他只好自嘲地说："从没见过这么多军官带领这么少的士兵作战。"508团团长和少数部队错降在拉菲埃尔附近，随即被师长调往就近的渡口参加战斗。第1营和第2营大部分降落在德军一个坚固的设防区内，伤亡惨重。第1营营长巴切勒中校阵亡，第2营营长香利中校率领两个营的残部浴血奋战，终于占领了薛夫杜邦渡口。第3营在预定空降区东南1600米处着陆，全营非常分散，最初的一天都忙于集合部队，作为师预备队，未能投入作战。

6月6日凌晨2时，第82师后续梯队220人及部分重装备分乘52架滑翔机飞来增援，由于云层太厚以及德军高射炮火的射击，只有一半人在预定地区着陆。下午又有1174人和部分重装备分乘176架滑翔机增援，但着陆场被德军火力所控制，被迫改在其他地区着陆，未能与师突击梯队会合。至6月6日黄昏，82师共空降8100人，伤亡约500人，失踪约750人，集合起约2000人，占领了圣曼伊格里斯和薛夫杜邦渡口，未能完成预定的全部任务。他们6月7日17时与从海上登陆的部队会合。

英军第6空降师突击梯队由第3、5旅组成，共4300人，由师长盖尔少将指挥，搭乘237架运输机，计划在冈城东北着陆，夺取奥恩河、卡昂运河上的桥梁和渡口，摧毁德军在莫维尔的炮兵阵地。

第3旅由希尔准将指挥，辖英军伞兵第8、9营和加拿大伞兵第1营，任务是摧毁莫维尔的炮兵阵地，占领杜佛河上的5座桥梁。英军第 9 营的任务是摧毁德军的炮兵阵地。由于这个炮兵阵地设在有坚固防护的工事里，飞机轰炸和军舰炮轰都难以将其消灭，而这个炮兵阵地的 4 门 150 毫米火炮对登陆部队威胁很大，所以必须要空降兵在登陆前予以解决。第 9 营营长考虑到光用空降兵攻击，困难较大，要求同时派滑翔机机降突击队配合作战，获得批准。该营在空降时遭到德军高炮猛烈射击，飞行员为躲避炮火，偏离了预定航线，都降落在远离目标的地方，营长集合了 150 人从三公里外跑步赶来。因为 9 营在空降时丢失了信号装置，无法标识机降场，随后飞来的滑翔机没有发现地面信号，只好改在别处降落。这样营长只好率领 150 名空降兵单独投入战斗，他们炸开铁丝网，冲入炮兵阵地，与德军展开白刃格斗，经激烈搏斗，以伤亡过半的代价占领了炮兵阵地。英军第 8 营和加军第 1 营由于运输机飞行员在黑夜中分不清奥恩河和杜佛河，把伞兵都空投到奥恩河附近，但伞兵们着陆后迅速集合，赶到杜佛河，而德军因未发现附近有盟军空降，戒备松懈，被伞兵乘虚而入一举夺取了杜佛河上的 5 座桥梁，完成了该旅的任务。

第 5 旅由波埃特准将指挥，计划夺取奥恩河大桥，并开辟机降场，保障师的后续梯队第 6 机降旅的机降。盖尔师长对战争初期德军成功夺取比利时埃本要塞所采取的机降突击印象非常深刻，决定如法炮制对奥恩河大桥实施滑翔机机降突击。他从全师抽调出 180 人的精兵强将，组成突击队，由约翰 · 霍华德少校任队长，在大桥附近机降进行主攻，第 7 伞兵营则进行支援。由于战前反复演练，加上精心挑选出的滑翔机驾驶员技术高超，载着突击队的滑翔机在仅距大桥数十米处着陆，突击队从下飞机到发起攻击仅用了 30 秒，所以打了德军一个措手不及，突击队只以亡 2 人、伤 14 人的轻微代价夺取了大桥。第 7 营在奥恩河以东 900 米处着陆，立即集合赶到桥边，与突击队会合，一起构筑防御工事，守住了大桥。

第 6 师的第一批后续梯队 493 人及装备乘 98 架滑翔机在 6 月 6 日拂晓机降，由于机降时地面正刮大风，有 20 架滑翔机的拖索被风刮断，无法着陆。第二批 256 架滑翔机中有 246 架在预定地区着陆，为第 6 师运来了援军和补给。第三批 50 架滑翔机于午夜时分进行空投补给，空投时遭到德军高炮射击，使得飞机一边躲避炮火一边空投，地面上的伞兵只得到了20%的补给，大部分都丢失了。后来又进行过四次小规模的空投补给，倒很成功。第6师共空降4800人，伤亡约550人，失踪约350人，集合约1800人，完成了预定任务，并于6日黄昏与英军第2集团军先头部队会合。

盟军在诺曼底登陆的空降作战中，共空降3.5万余人，其中伞降约2万人，还空降了504门火炮，110辆轻型坦克，1000余吨补给。使用运输机2400余架次，滑翔机1130架次。在战斗中空降兵伤亡约8200人，占空降总人数的23%，大大低于战前预计。运输机被击落42架，击伤510架。美第82师占领圣曼伊格里斯和梅特勒河上的渡口，美第101师控制了海滩后的四条公路和杜佛河上的渡口，英第6师夺取了奥恩河上的大桥，而且都很快与海上登陆部队会合，并作为步兵师继续作战。总体上说，盟军的空降作战是成功的。

盟军空降作战成功的原因，一是有效的伪装和欺骗隐蔽了战役企图，造成德军指挥判断上的失误。二是重视战前训练，参战官兵熟悉战区情况和本单位的作战使命。本来预计师空降面积为36平方公里，而实际上82师和101师的空降面积高达100平方公里，各级指挥员只能边集合部队边组织战斗，很多师、团长只集合起营或连规模的兵力，但仍主动灵活地按照训练时的经验完成了主要任务。

尽管盟军的空降也存在不少问题，但仍起到了在登陆的最初时间里夺取至关重要的桥梁、海滩、公路、摧毁德军炮兵阵地、破坏德军防御的稳定性、牵制德军预备队的作用。他们在敌后的英勇拼杀在战略上使德军处于被动局面，为登陆的胜利创造了有利条件。但这种在敌后的孤军深入使盟军的空降兵损失很大，是整个诺曼底登陆战役中唯一能和著名的“血色奥马哈”相提并论的盟军遭受到重大伤亡的作战行动。

二、大反攻的揭幕

盟军在海面、电磁空间、空中向德军发动了强大的攻势。

海面上成百上千艘战舰冲破重重的迷雾，从英格兰南部的各港口出发，先驶向怀特岛南面代号为“Z 区”的海域。在那里依据登陆的 5 个海滩编成 5 个登陆突击编队。

每个突击编队又有自己的 5 条航道。所有的舰船将沿着各自的航道朝诺曼底半岛前进。舰船排列着整齐的队形在波涛汹涌的海中急驶，横排达 32 公里宽！

参加诺曼底登陆的战舰有：英国和加拿大战舰共 143 艘，其中战列舰 4 艘、巡洋舰 21 艘、驱逐舰 116 艘和低舷重炮舰 2 艘；美国军舰共 46 艘，其中战列舰 3 艘、巡洋舰 3 艘和驱逐舰 40 艘；其他盟国海军的巡洋舰 3 艘和驱逐舰 8 艘。这里不包括数量巨大的各种输送船只和保障船只。

行驶在最前面的当然是扫雷舰艇。

在整个舰队出发前夕，为了保证严密的协同作战和准确的时间选择，盟军海军司令拉姆齐海军上将亲自指挥东部和西部两个特混舰队的第一阶段扫雷行动。

为了防止遭到德国空军飞机和海军 E 级艇可能布设的大量延期水雷的危害，盟军对海峡中英国沿岸的航道进行了清扫，对从怀特岛经过海峡中心线直到登陆地域的换乘区各航道也进行了清扫。

进行这一庞大的扫雷工作，需要同时出动 245 艘舰艇，还要有 10 艘备用的，以防意外。

风仍然刮得很猛，离岸越远，海浪越大。

此刻，成千上万的盟军战士正紧张地蹲在一艘艘战舰里，在起伏不定的海面上，上上下下颠簸着。那些晕船的战士，只好取下钢盔接着吐出来的秽物。

出发时每一个士兵都得到了一份由欧洲战场盟军最高司令艾森豪威尔将军亲自签发的进军书：

> 盟国远征军的陆、海、空三军将士们！
>
> 你们就要出发去参加为之奋斗了许多个月的伟大的十字远征。全世界都在注视着你们。全世界热爱自由的人们，时刻期望着你们，并不断地为你们祈祷。你们同其他战线上的英勇盟军和战友一起，一定会摧毁德国战争机器，消灭纳粹对欧洲被压迫人民的残酷统治，保障我们自由世界的安全。
>
> 你们的任务不是轻而易举的，你们的敌人训练有素，装备精良，作战顽强，他们将要殊死搏斗。
>
> 但今年是1944年了！自从纳粹在1940年至1941年获得胜利以来，形势已经大变。盟军奋不顾身、英勇作战，已使德军遭到惨重失败。我们的空中攻势大大削弱了敌人的空军力量和地面作战能力。我们的国内战线，在武器和弹药方面给我们提供了绝对的军事优势，并给我们准备了可以随意使用的大量受过训练的后备部队。潮流已经改变了，全世界自由的人们正在共同走向胜利！
>
> 我对你们的勇敢精神、忠于职守和作战技能深信不疑。我们必将赢得完全胜利！
>
> 祝你们平安！让我们大家恳求全能的上帝为这个伟大而光荣的事业祝福吧！

尽管海上的条件十分恶劣，但是，将士们仍坚定地从这里出发走向战场，去面对德军海岸上钢筋混凝土工事中的巨大的加农炮，去面对他们将要战而胜之的德国庞大的坦克部队。

的确，就在今天，盟军为反抗德国法西斯、解放欧洲大陆而开辟的第二战场翻开了辉煌的一页。

整个人类期盼已久的大反攻终于开始了！

6月5日夜间至6日凌晨，德军E级艇没有进行例行巡逻，因为德国西线舰队司令克朗克海军上将认为天气无论对他们还是对盟军都特别不好，那天的海潮“不适合”登陆。

在盟军发动诺曼底反攻的夜里，盟军空军散发了四处飘散的、人们称之为“金属干扰带”的锡箔片，造成一支舰队正在第厄普附近海面向东驶去的假象，使德国人所剩无几的几处海岸雷达站受骗上了当。

■ 盟军士兵排队上船，诺曼底登陆战正式打响

盟军小型舰只也同时向布伦、第昂蒂费尔角和巴夫勒尔进行了三次强烈的电子干扰，给德军雷达造成一种错觉，好像大批部队正在向上述地区进发。这些佯攻手段非常成功，使盟军的第一批登陆编队向敌岸前进了很远之后，敌人才弄清了它们的编成。

三、勇敢的登陆者

进攻诺曼底的最初登陆者是约 2 万伞兵空降兵部队，其中的几百名伞兵引导员更早一些降到诺曼底。

在降落过程中，每个人都有毕生难忘的经历。一个叫雷蒙·巴顿的二等兵，在降落过程中，一阵风把他挂在离地五米的树梢上，一时间无法下来，只得像个钟表摆钟似的，在风中来回飘动。刚摸到刀想割断伞绳，忽然听到枪声和沙沙的脚步声：想反抗，自动步枪不知掉到哪里了；想逃跑，还挂在树上，脚再有力，也用不上；等死又不甘心。怎么办？装死吧！于是他大气不出，四肢无力地耷拉下来，活像一个吊死鬼。此招果然灵验，脚下的敌兵对他理也不理，走开了。他连忙割断伞绳，找到了部队。

还有更奇妙的。有一个队员降落在花棚暖房的顶上，下落时双脚一使劲，玻璃棚顶出现一个大洞，碎玻璃向四周飞出，稀里哗啦响声一片，响声还没停，刚着地他就一溜烟窜了出去。

另一个队员的降落地点那可是绝了，他“掉进存心想跳都不会那样准的一口井里”。好在是伞网在井外，他抓着伞绳一步步爬了上来，全身安然无恙，拍拍挂了一身的青苔，他若无其事地走向集合地点。

有这样好运的人不多，大部分人是不幸的。

虽然空降困难重重，伤亡惨重，但那些充满爱国精神，充满着个人英雄主义热流的盟军士兵仍然在努力奋斗着。靠着专门从美国运来，一个只有几角钱的小孩玩具——蟋蟀发声器，寻找着自己的战友。轻按一下，对方要回复两声。就连师长泰勒少将也要靠这个小东西，寻找他的部下。

天将破晓，近2万名空降兵只在不足五个小时的奋战中，不怕流血牺牲，克服重重困难，已经十二分完成了艾森豪威尔将军和他的最高统帅部的各项任务。空降部队的突然行动，使敌人发生混乱，切断了他们的联络，扰乱了他们的部署，现在这些英勇的空降兵们已控制住诺曼底登陆地点两翼，封住了德军增援部队的通道。

在海军某编队旗舰"贝菲尔德"号上，美军第7军军长柯林斯把他的双筒望远镜对准了美国人正准备登陆的海滩——犹他海滩。

犹他海滩坐落于科唐坦半岛东岸从奎内维尔以南到卡朗坦河口以北，共宽14.5公里。这个海滩是坡度不大的黄沙坡，中间有几道障碍物，障碍物的纵深在低潮时约为270米至370米。障碍物的后面是很窄的干沙滩，宽约100米，再往上去则是一个低沙丘带。靠着沙丘朝海的一面，德军修了一道低矮水泥墙。海滩的后面是一个故意淹没的牧场，约有几公里宽，有几条堤道穿过牧场通向海滩，这就是美空降兵已夺取的通道。

德军在这段防线上配置了28个固定和机动炮连，共有火炮111门，其中有8个暗堡连，这些炮大部分都能对海滩进行射击。

进攻犹他海滩的任务落到了第4师身上。就是这个师在4月底的演习中，遭到德国人袭击，现在他们已从挫折里恢复过来。

柯林斯看到一排排、一队队的登陆艇已经出发，它们在海面上要经过两个小时的颠簸，才能达到海滩。

登陆艇出发之后，盟军的轰炸机也倾巢而出，隆隆巨响滚过舰队上空。战斗机、轰炸机、侦察机、炮火校正机，从头上掠过，飞机总数达1.1万架。

这些飞机对诺曼底海岸德军各防御工事，对大西洋堡垒的防御要塞，进行了地毯式轰炸，登陆海滩一时笼罩在浓密的硝烟之中。水面上的士兵望着天空，凝视不已，脸上露出感动的表情。

飞机的轰炸刚告一段落，停在犹他海滩对面的17艘军舰也开始怒吼。这些大型舰上的巨炮向白天预先侦察出来的德军炮兵阵地猛轰，轰隆巨响和惊天动地的爆炸声响彻云霄，炮火的闪光直穿暗灰色的天空，黑烟像大卷云在海岸上翻滚。

当登陆艇开到距海滩最后几百米时，海军的炮火开始向内陆延伸，近距离支援的陆军炮火由架在攻击梯队的坦克登陆舰小口径炮承担，许许多多的火箭弹从火箭发射舰上发出，雨点般飞上海滩。

看到这种壮观的场面，就是身经百战的柯林斯也激动不已。

6时8分，几百艘登陆艇靠岸；6时10分，飞机开始在船岸之间施放烟幕，掩护驶向海滩登陆艇和冲上海滩的士兵们。

比原定H时晚五分钟，也即6：35时，第一登陆突击波上岸，跟着这一波士兵登陆的有一位将军，他就是美国第26任总统罗斯福的儿子塞奥得·罗斯福准将。这位已经57岁的将军是几度要求之后，才批准参加这次突击的。

■ 盟军登陆船横穿英吉利海峡

登陆极其顺利，在海滩上几乎没有遇到抵抗，海滩障碍物也没有配上爆炸物和饵雷。这个原因只有罗斯福和两三个军官知道。那就是部队抢滩前，17 艘火箭发射舰和陆军炮火齐射，这些炮弹和火箭掀起了一片烟尘，再加上飞机投下的烟幕弹，把海岸完全遮住。一股很强的潮汐把登陆艇向南冲到了离预定登陆海滩约 1600 米的海滩上，他们是在此登陆的，这是一桩幸运的错误，使他们在错误地点登陆，如没有这桩错误，等待他们的是坚固的防御工事，和严阵以待的防守重兵。

现在，罗斯福已同进攻部队一齐站到海滩上第二号通道之处了。这时，他非要作一次重大决定不可，因为从此以后每隔十几分钟就有新的兵员和车辆登陆，总共有 26 个突击登陆波，包括 2 万多士兵，3500 辆车辆要登陆，紧跟着，美军第 9 师和第 90 师也在这个海滩上岸。所以，罗斯福必须决定是把这些后续部队带到比较平静安全的这个“错误”登陆地点呢？还是导向原来的预定登陆地点。这个预定地点与内陆相连的是第三号、第四号通道。如回到原来的地点登陆，新打开的第二号通道不能保持下去，则以后的大集团登陆就要陷于进退维谷的困境。

罗斯福将军和几个军官商议后决定，将错就错，不向原来的目标进攻，第 4 师现在从这唯一的第二号通道向内陆进攻，发现德军就坚决消灭掉。

现在，第一登陆突击波已在犹他海滩站稳，是迅速采取行动，打击德军的时候了。上陆两个小时后，罗斯福带领他的战士向内陆攻去。

上午 10 时，又有六个营的兵力离开海滩踏入内陆。到中午，海滩上的敌人已被基本肃清。

犹他海滩的守军是德军第 709 师的一个团。该师是个无“腿”的海防师，武器装备差，人员大部分是后备役的大龄人员和德国仆从国士兵。由于该师通信联系已被美军空降兵切断，德第 7 集团军司令多尔曼直到当天很晚的时候才知道盟军已在科唐坦半岛登陆。

盟军登陆的损失轻微，主要损失是清晨施放烟幕的飞机有一架被高射火炮击落，烟幕墙出现一段空白，驱逐舰“科里”号被暴露出来，成了德军岸炮连的目标。为了躲避，“科里”号立即机动，不幸撞上一颗水雷，炸断了龙骨，6 时 41 分船沉了。还有三艘坦克登陆艇、二艘步兵登陆艇也因触雷沉没。

人员损失也很有限。全师只有 194 人阵亡，先头部队的两个团只死了 12 个人，而在一般情况下，阵亡人数应是它的几十倍，甚至上百倍。

D 日傍晚 6 时，经犹他海滩上陆的部队达到 2. 13 万人，车辆 1742 辆，还有几千吨补给品。登陆部队已到达卡朗坦与圣梅尔—埃格里斯的主要公路上。占领的登陆场面积正面和纵深达到十公里。

由于登陆太顺利，负责指挥运送部队上岸的海军编队司令穆恩少将在给其上级的报告中写着："登陆按计划完成，对登陆突击，没有什么可写的。"

在"贝菲尔德"号上，柯林斯又举起他那双筒望远镜，远处的犹他海滩硝烟已散，近处排成长队的登陆舰艇络绎不绝、井然有序。他也很快把登陆成功的消息送到指挥美国陆军的布莱德雷那里。布莱德雷的评价是："我们轻而易举地夺取了犹他海滩，令人满意。"

四、有人欢喜有人忧

德军虽然早知道反攻迫在眉睫，但事到临头还是猝不及防。

其实，狂风大作的恶劣天气，对盟军的隐蔽来说反倒成了件好事。德军三位高级将领，满以为在这种海水猛涨、恶浪翻腾的时刻，盟军绝不可能实施登陆，因而离开了司令部。包括负责指挥从斯堪的纳维亚到西班牙沿线的所有守军的陆军元帅隆美尔，此时为了祝贺夫人的生日，正坐着奔驰汽车前行在德国的公路上。

只有龙德施泰特和西线装甲集团军司令施韦彭堡将军坚守岗位，而他们两人均受到上级的掣肘。不经最高统帅部特许，龙德施泰特不得擅自动用战略预备队，而施韦彭堡则无直接指挥战斗之权。

凌晨2时45分，龙德施泰特在司令部接到报告说："科唐坦半岛东海岸外传来阵阵引擎声。"这是有关盟军从海路登陆的另一个信息。很快德军第84军全部处于戒备状态。

但是，他做出的反应却是："西线总司令并不认为这是一次大规模行动。"德国人确信，只要盟军试图发动入侵，他们的雷达站必然会事先发出警报，但事实上，未被摧毁的少数几个雷达站几乎全都受到了严重干扰。而当德军开始察觉到盟军反攻部队的行踪时，盟军部队已在离海岸12海里处上了登陆艇。

直到上午6时半左右，B集团军群司令部才获准出动装甲部队。当时由于轰炸，通信暂时中断，这样又过了2个小时，装甲部队才接到率师出击的命令，而此时几万盟军已成功上陆。

6月6日凌晨的几小时内，德军统帅部乱作一团。西线总司令龙德施泰特的参谋长十万火急地请求希特勒，批准他们出动党卫队第21装甲师和勒尔装甲师去对付盟军的空降行动。

然而，希特勒直到上午很晚的时候才得到盟军反攻的消息，因为那时他正在睡觉。

希特勒和丘吉尔一样，有一个熬夜的习惯。这一习惯把他的下属累坏了，他们不得不睡得很少。这一天，希特勒的总参谋长约德尔不愿意打扰希特勒上午的睡眠，就没敢叫醒他，以至于西线总司令龙德施泰特元帅关于盟军已经在诺曼底登陆的报告和调用后备部队的要求被耽误了。

下午，希特勒得到了报告，但是，希特勒却命令，在白天侦察弄清形势之前，禁止动用这两支战略预备队。他认为，盟军对诺曼底的空降袭击，只不过是牵制德方后备兵力的佯攻，而主要的海上入侵将在塞纳河以北一带发起。

不仅希特勒本人，就连德军最高统帅部和隆美尔司令部，也都持有这种看法。甚至在盟军战舰众炮齐轰诺曼底海岸的时候，他们还是固执己见。

由于德国人在这种突然袭击面前被吓得惊慌失措、混乱不堪，所以绝大多数盟军空降兵没有遭到猛烈的进攻。法国地下抵抗组织的战士们也纷纷从隐藏的地方冲出来，把诺曼底一带所有的电话线统统剪断，使得驻守的那些该死的德国鬼子孤立无援，无法聚集他们的装甲部队迅速进行抵抗。

“西红柿该摘了。”

“苏伊士运河的天气很热。”

“骰子放在桌子上。”英国广播公司正在广播，但是这些短语呼号，都是由标准的法语广播的。因为英国广播公司经常用这些秘密呼号与法国地下抵抗组织联系，现在即便德国监听站收听到这些呼号也不会引起多大的怀疑。

但是，盟军总反攻攻势开始之后，英国广播公司的一句呼号引起了德国人的注意。这句呼号引用了维尔廉《秋赋》中第二行的一句诗：“阴郁沉闷刺透我们的胸膛。”

不久，广播不再使用暗语了。

“现在，我们向各位听众发布一条新闻。

“这里是伦敦英国广播公司对外广播电台，现在向法兰西人民播音。”

接着，收音机里传出一位女播音员的声音：“这里是伦敦英国广播公司对外广播电台，法国公民们，现在请戴高乐将军讲话……”

夏尔·戴高乐将军是法国著名的反法西斯将领、抵抗运动领袖。巴黎沦陷后，他一直在英国组织“自由法国”抵抗运动。

在今天这个特殊的日子，他那庄严的声调、炽热的激情，通过无线电波在欧洲大地回荡着。毫无疑问，遍布法兰西各地的所有地下抵抗组织的秘密司令部都可以通过耳机听到这飞越英吉利海峡的声音。

“法兰西人民，一场伟大而神圣的战役开始了！”

这是在号召法国人民行动起来，拿起武器，帮助那些正冒着纳粹敌人的枪林弹雨，登陆和空降在法国参加大反攻战役的盟军部队。他号召法兰西人民不惜一切代价，在这个最残酷战争的最关键时刻，和他们憎恨的普鲁士邻国纳粹分子进行殊死拼杀。

“打倒德国鬼子，法兰西万岁！”戴高乐高声呼喊着，呼吁法兰西人民从惨重失败的灰烬中重新振作起法兰西精神，动员起所有的地下武装力量，狠狠打击无情的敌人。

五、各就各位

登陆前火力准备的空中轰炸，早已于午夜开始。

黑暗的天空中不时传来重型轰炸机大编队的引擎声，这声音低沉而又有力，仿佛要把整个天空连同德军地面防御设施一起震碎不可。

不一会，引擎声被飞机的俯冲呼啸声和炸弹的爆炸声所掩盖，黎明前灰暗的大地上不时发出炸弹爆炸的闪光。

按照战前的火力准备协同计划，空中轰炸首先实施，成百上千架重型轰炸机和中型轰炸机首先对经过选择的德军岸炮阵地进行攻击。在5时前这段时间内，英军的1056架重型轰炸机对德军10个最重要的海岸炮连，以及登陆附近的通信设施投下了5000多吨炸弹，德军在滩头上的海岸炮阵地纷纷中弹起火。

紧接着，美军第8和第9航空队的1630架“解放者”式、“堡垒”式等轰炸机对德军防御工事实施了猛烈的轰击。这些飞机向海滩防御设施投下了4200吨炸弹。

轰炸一直到部队开始抢滩登陆前10分钟为止。

火力支援舰只于1时40分就进入了指定的航道抛锚。

空军的轰炸机刚一完成任务退出，海面上各种火力支援舰炮口就喷射出一道道耀眼的火光。成吨的炮弹犹如倾盆大雨，在纳粹自诩为“大西洋壁垒”的海防要塞上开了花。

各型登陆艇刚一到达指定位置，火力支援舰就立即向德军岸上实施火箭齐射。

如此周密而协调的火力支援，在以往的登陆作战中还从未有过。

5 时 50 分，德军一个尚未被摧毁的岸炮连突然向盟军的驱逐舰“菲奇”号和“科里”号开火，2 艘驱逐舰的周围顿时掀起了十多个高高的水柱。20 分钟后，德军圣瓦斯特的大口径炮连，也对正在离海岸 3100 米处扫雷的一艘扫雷艇进行猛烈射击。

英军的轻型巡洋舰“黑三子”号立即还击，把敌炮连的火力引向自己，使得那艘扫雷艇得以继续扫雷。

5 时 36 分，德军的重型炮弹开始落在盟军的各重巡洋舰附近。

此时，随着各运输登陆艇的临近，盟军编队司令决定实施预定的舰炮火力准备，瞬间各舰都向指定的目标开火。

随后，登陆输送编队陆续到达指定海域，英、美军分别在离岸 7 海里和 11 海里处建立了换乘区，在灯标的指引下，沿清扫过的航道各就各位，然后陆续放下小舟，18 万人的登陆部队已作好准备，等待着换乘时刻的到来。

换乘开始，选定为换乘区的水域位于靠海一面约 10 公里处，距离海滩高潮线 19 公里，盟军登陆兵从输送的舰船换乘到登陆用的小型冲击艇上。

只见美军运输舰在浪头高达 6 米的海峡波涛中抛锚。下降的铁锚链条在链管中发出震耳的嘎嘎声，然后是铁锚投入英吉利海峡黑色水面所击起的水声。

20 艘悬挂于吊架上的小型登陆冲击艇中，坐满了等待登陆的士兵们。小艇离水面很高，不停地在空中晃动。舰上的扬声器不停地广播道：“放艇!”于是，吊艇架的绞车嘎吱嘎吱地响了起来，小艇开始下放。

这是个紧张的时刻，看上去仿佛是海浪把小艇从军舰的两侧掀了出去。小艇在水面上漂浮不定，直到小艇的螺旋桨发挥了作用为止。这些小艇在黑暗中上上下下翻腾，里外湿个透，然后穿过一段漫长的波涛汹涌的海面，朝着预定的集结区驶去……

在盟军的“霸王”作战计划中，美军选定的登陆滩头，是沿科唐坦半岛东海岸下半段向东延伸到贝辛港以东，分别叫“犹他”

滩头、“奥马哈”滩头；英军和加拿大军队选定的登陆滩头，则从贝辛港一直向东，延伸到乌伊斯特勒昂，分别叫作“金海滩”、“朱诺滩”和“宝剑海滩”，每条登陆线的长度均在45公里左右。

美军进击任务由奥马尔·布莱德雷中将指挥的第1集团军担任；英、加军的进击任务由迈尔斯·邓普西中将指挥的第2集团军担任。整个“霸王”作战由盟军最高统帅艾森豪威尔将军委托英国陆军元帅蒙哥马利直接指挥。

登陆作战中最为激动人心的突击上陆阶段就要开始了。

六、抢滩登陆

就在美军101师和82空降师的伞兵们落地后开始寻找战友，集结成小分队向德军发起进攻之后的两个小时，第一批登陆部队的士兵们正式踏上了犹他海滩的沙地。

他们的出发要追溯到6月4日22时，根据安排，航程最远的预定在犹他海滩登陆的U编队首先起航，其他编队随后也按计划陆续起航。

6月5日登陆编队开始横渡英吉利海峡，从15个港口出发的所有舰艇先在怀特岛以南代号“Z区”的海域会合，然后分为5个编队沿5条被清扫干净没有水雷的安全航道向5个海滩驶去。过了海峡中心线以后，各编队由一条航道改为两条分别供快速舰艇和慢速舰艇使用的航道，以保持编队航行队形。在航渡途中，盟军出动了大批反潜飞机和军舰实施严密的反潜警戒，还派出95架轰炸机和375架战斗机担任空中掩护。由于盟军准备充分，组织周密，整个航渡过程未遭任何损失。但实际上，盟军安全顺利航渡的最主要原因是恶劣的天气帮了大忙。德军的气象人员没能像盟军的气象小组那样准确地预报出6月6日的短暂好天气，而是发布了连续数日将会是暴风雨的天气预报，使得德军统帅部判断盟军不可能在这样的天气发起登陆，导致诺曼底地区的德军戒备状态很低，甚至连一些例行的飞机舰艇的巡逻都被取消了，这就使德军对盟军登陆编队的航渡毫无察觉。

6 月 6 日凌晨 2 时 30 分，庞大的登陆舰队到达距法国海岸 11 海里的换乘区，士兵们从运输船上沿绳网下到登陆艇，然后登陆艇编成艇队，劈波斩浪地向登陆海滩冲击。登陆时间因各海滩潮汐时间的不同而各不相同，最早的是犹他海滩的 6 时 35 分，最晚的是宝剑海滩的 7 时 30 分。

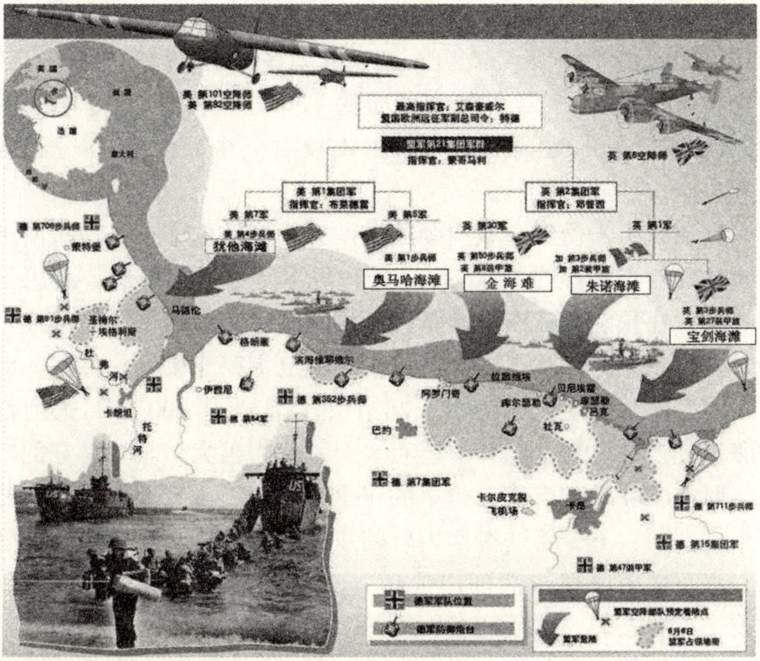

■ 盟军诺曼底登陆示意图

D 日 6 时 35 分，犹他海滩

在犹他海滩登陆的是美国第 1 集团军第 7 军第 4 师（就是著名的第 4 步兵师），师长是罗斯福总统的小儿子小罗斯福准将，运送该师的是由穆恩海军少将指挥的 U 编队。

第 4 步兵师于 6 月 6 日 2 时 30 分到达换乘区，4 时 5 分开始换乘。士兵们沿绳网从运输船爬到登陆艇上，当时海上风大浪急，登陆艇非常颠簸，但士兵们经过多次演练，换乘仍比较顺利。登陆艇总共编成了26个艇队，驶向海滩。为保障对登陆部队的不间断火力支援，在第一艇队中编有8艘坦克登陆艇，共载有32辆水陆坦克。由于风浪太大，坦克登陆艇到达坦克预定下水处比计划晚了半小时，如果仍按计划让速度较慢的水陆坦克下水，那么到达海滩就会比计划更晚，也就失去了及时提供火力支援的作用，所以在指挥艇上的指挥员决定让坦克登陆艇继续航行，直到距海岸仅1海里处才放坦克下水。5时5分，德军岸炮开始向盟军的扫雷舰开火，5时25分，盟军舰炮火力支援军舰比计划提前25分钟开炮还击，紧接着约300架B-26轰炸机飞来向德军阵地投弹约1000吨，然后“喷火”式飞机赶来为舰炮火力提供校射，并于6时10分起施放烟雾，掩护登陆艇抢滩。

登陆艇由于受到一股强劲的东南方向潮汐的影响，使抢滩地点比预计登陆点南移约1600米，这个意外反而给盟军带来意想不到的好运：在预定登陆点有德军一个团的兵力，还有两个炮兵连可以用火力压制海滩。德军还在此修筑了钢筋混凝土壁垒，并放入海水使海滩后面大片地区被淹没。28个炮兵连的共100多门火炮都能对海滩进行有效射击，其中还有8个杀伤力极大、难攻易守的暗炮连。而在实际登陆点仅有德军的一个连，防守力量薄弱。罗斯福准将当机立断，下令将这里作为登陆点，还竖起巨大指示牌标明登陆点。水下爆破组很快清理出通道。6时35分，登陆兵登陆；8时30分，第一梯队先头团突破德军防线，向内陆发展；9时30分，初步建立起团登陆场；10时，已有两个团的兵力登陆成功，基本肃清了德军在这一地区的守军第709师，加上空降部队已夺取了四条道路，保证了登陆部队迅速推进。至日落时，第4师的三个团全部登陆，共登陆2.13万人，1742辆车，1695吨物资，建立了巩固的正面宽4公里、纵深9公里的师登陆场。先头部队已到达卡朗坦至圣梅尔的公路，并与空降兵会合。D日全天，第4师阵亡仅197人，为预计伤亡的10%，损失极小，是盟军五个海滩中最顺利，损失最小的。

D 日 6 时 45 分，奥马哈海滩

奥马哈海滩同犹他海滩相比，简直是天壤之别，是五个登陆海滩中损失最惨重的，有“血色奥马哈”之称。正因为如此，1994 年纪念诺曼底登陆 50 周年的会址就设在奥马哈海滩上。

奥马哈位于犹他海滩的东面，是科唐坦半岛南端维尔河口到贝辛港之间长 6.4 公里的海滩，海岸两旁是 30 多米高的悬崖陡坡，有四个被海水冲刷出的深谷，成为通向内陆的天然通道，海滩上高低潮之间的落差约为 270 米。海滩是硬质沙地，上面筑有高耸的鹅卵石堤岸，后面是沙丘、草地、树林，唯一通向内陆的道路沿途有三个小村子，村舍都是用厚石砌成。四周是一片田野，田间土埂上长满了小树，这就是诺曼底地区特有的树篱地形，易守难攻。德军充分利用有利的自然地形构筑防御工事，在低潮线到高潮线之间设置了三道障碍物，还混杂有大量水雷，在卵石堤岸上筑有混凝土堡垒，在堡垒前有蛇腹形铁丝网和地雷，四个出口都用地雷和钢筋水泥障碍物封死。海岸上有 16 个坚固支撑点，配有机枪和反坦克炮，悬崖上还构筑暗堡，内有威力极强的 88 毫米火炮，炮火杀伤范围可以覆盖整个海滩，在霍克角悬崖上还有 6 门 155 毫米海岸炮，对海上军舰的活动构成极大威胁。

盟军之所以选择这里登陆，是因为从维尔河口到阿罗门奇之间正处在美军犹他海滩和英军海滩当中，位置非常重要，而这段 32 公里长的海岸只有这一段还勉强可以登陆，其余地段都是悬崖绝壁根本无法登陆。此外盟军认为这里的守军是第 716 海防师的一个团，既无装甲部队，又无机动车辆，士兵又多是后备役，战斗力很差。实际上，3 月中旬隆美尔为加强诺曼底地区的防御力量，从圣洛调来精锐的野战部队第 352 步兵师，该师的一个主力团就部署在奥马哈，而盟军情报机关直到登陆部队出发后，才查明第 352 师的去向，但为时已晚。

在奥马哈登陆的是美军第 5 军第 1 师和第 29 师的各一个团，由霍尔海军少将指挥的 O 编队负责运送。6 月 6 日 3 时到达换乘区，当时海面上风力 5 级，浪高 12 米，有 10 艘登陆艇因风浪太大而翻沉，艇上所载 300 名士兵在海面上挣扎。没有翻沉的登陆艇上的士兵绝大多数都晕了船，再加上海水打进艇内，士兵们又冷又湿，当到达海滩时，士兵们已经筋疲力尽。

美国第1师组建于第一次世界大战期间的1917年，最初称美国第1远征师。第1师是美国陆军的绝对王牌，该师成立以来参加了美国历次主要的战争，并且都是战斗中的攻坚力量。

更糟糕的是盟军在登陆前的火力攻击中，最初为达成战术上的突然性，在航空火力攻击时没有对这一地区进行轰炸。6月6日5时50分，由2艘战列舰、4艘巡洋舰、12艘驱逐舰组成的舰炮火力支援舰队实施了40分钟的舰炮火力攻击，可由于害怕霍克角德军岸炮射击，军舰只是在远距离上进行射击，准确率很低。6时由480架B-26轰炸机对德军防御阵地进行直接轰击，投弹达1285吨，但当时云层又低又厚，飞行员怕误伤本方部队，故意延迟30秒投弹，结果1285吨炸弹都落在5公里外，因此德军的防御工事和火力点大多完好无损，当盟军的火力攻击刚一结束，德军的炮火就开始射击了。

■ 盟军乘登陆艇抢滩登陆

计划伴随登陆兵登陆提供及时火力支援的水陆坦克，在西段的32辆中有27辆在下水后的几分钟里就因风浪太大而沉没，余下的5辆有两辆是因驾驶员技术高超战胜风浪驶上海滩的，另3辆要归功于一位坦克登陆艇长的指挥有方，他见第一辆坦克刚下水就在风浪中沉没，于是立即命令关上舱门，将余下的3辆直接送上海滩。东段指挥员见风浪太大，水陆坦克无法下水，也命令将坦克直接送上海滩，但这样一来到达海滩的时间提前了，为了等待配合作战的装甲车辆，坦克登陆艇不得不在海岸附近徘徊等待，德军抓住机会猛烈炮击，击沉了两艘坦克登陆艇，直到6时45分，水陆坦克和装甲车辆才驶上海滩，可刚上海滩，就被德军炮火摧毁了好几辆。接着第一波1500名士兵开始突击登陆，因为海中有一股向东的潮汐，以及岸上弥漫的硝烟，使得士兵难辨方向，队形也变得混乱。登陆时士兵们要先趟水涉过1米多深、50～90米宽的浅水区，再要通过180～270米宽毫无遮掩的海滩，才能接近堤岸，而这一切都在德军密集而猛烈的炮火攻击下。所以在最初的半小时里，这1500名士兵根本无法投入作战，只是在浅水中、海滩上为生存而苦苦挣扎。在第一批登陆的8个连中只有两个连登上预定海滩，但也被德军的火力压得抬不起头。由工兵和海军潜水员组成的水下爆破组，伤亡惨重，装备丢失、损坏严重，但仍克服困难冒着德军炮火开始清除障碍物。他们在东段开辟出两条通道，在西段开辟出四条通道，可惜在涨潮前来不及将通道标示出来，后续登陆艇一直找不到通道，只得拥塞在海滩上听任德军炮击。

第二波于7时到达海滩，正逢涨潮，德军炮火非常准确猛烈，完全将登陆部队压制在狭窄的海滩里。两个小时里美军在西段没有一个人冲上海滩，在东段也仅仅占领了9米宽的一段海滩。海面上挤满了登陆艇，秩序异常混乱，海滩勤务主任只得下令只许人员登陆，车辆物资一律暂时不登陆。此时美军第1集团军司令布莱德雷根据几份零星的通信和军舰瞭望哨的报告，知道登陆遇到极大困难，胜利几乎不可能了，他打算放弃在奥马哈的登陆，让美军第5军后续部队在犹他海滩或英军的海滩登陆。

随着舰艇发动机低沉的轰鸣声，数艘登陆艇出现在空旷的浅

■ 盟军下船发起冲锋

滩，士兵们争先恐后地跳出船舱，向岸上冲锋，就在此时，猛烈的炮火倾泻到海滩上，一时间弹片横飞，硝烟四起，海滩上到处都被炮弹炸出深深的弹坑，美军第二突击队的士兵们被压在猛烈的火力下面无处藏身，一片片地被击倒，尚还活着的人只能冒着弹雨拼命地往前冲，在他们面前有德国人坚固的工事和重机枪冰冷的枪口。

奥马哈滩头是诺曼底登陆中最宽阔也是鏖战最激烈的登陆区，全长约 10 公里，整片滩头有约 30 米高的连绵悬崖俯瞰着上百米宽的开阔沙砾海滩，只有 5 处斜坡可通崖顶。滩头西部靠近崖底的涨潮线上筑有约 3 米高的防波堤，德军在水底与岸上埋设了许多反登陆障碍与水雷、地雷。崖上的火力阵地与碉堡间挖了许多壕沟以供德军掩蔽。守卫滩头的德军是 352 步兵师。

当天早上登陆战况是，第一波抢攻断崖的部队在恶劣风浪下错过了攀登点，他们迟了 40 分钟才开始登陆，并成功爬上断崖攻击，摧毁了重炮阵地。但其他的支援部队在半小时内等不到信号的情况下，全都冲进了奥马哈滩头的血战场，美军在滩头上伤亡惨重，有的连队甚至遭到毁灭的命运，无一生还。往奥马哈滩头的登陆输送行动在早上8时30分全部中止，已经登陆的部队如果不向前杀出一条血路，就只能在海滩上等着被德军炮火屠杀。慢慢地一小股一小股的美军部队奋力攻上了悬崖，海军也冒着触礁的危险，将驱逐舰驶近滩头，进行炮击支援。这样鏖战到中午，德军的阵地炮火才明显减弱，直到当天傍晚美军才巩固了在奥马哈的滩头阵地。这一天在奥马哈滩头阵地，美军伤亡了2400余人，德军伤亡了1200余人。

当天结束时，美军已经登陆了3.4万余人，成功建立了滩头堡。

D日7时25分，金海滩

金海滩位于贝辛港以东，是从拉里维埃到阿罗门奇长5.2公里的一片低平海滩，基本上是海拔10米左右的沙质陡坡。德军在此设置的障碍物多达2500个，几乎达到每0.5米就有一个的密度，还构筑了很多坚固支撑点，部署的火力可以纵向覆盖整个海滩。但是支撑点的分布很不合理，大部分集中在拉里维埃、勒阿米尔、阿罗门奇三处，其他地方很少。

在金海滩登陆的第一梯队是英国第30军的第50师，另配备有第79装甲师的一个特种坦克旅。第二梯队是英国第7装甲师，这是盟军在D日登陆的唯一一个装甲师，该师参加过北非战役并打败了隆美尔的“非洲军团”，是盟军装甲部队中的王牌。负责运送登陆部队的是由英国道格拉斯·彭南特海军准将指挥的G编队。

6月6日4时55分，编队到达换乘区。由于金海滩的卡尔瓦多斯礁脉在低潮时是露出水面的，所以登陆时间必须定在涨潮后的60分钟，这样登陆时间就定为7时25分，也就使英军的火力打击时间比较充足，舰炮火力打击长达100分钟，持续而猛烈的炮击收到了很大效果，德军几个主要的支撑点都被摧毁。由于风浪太大，登陆指挥员临时决定水陆坦克不下水，由坦克登陆艇直接送上海滩，这就避免了像美军那样的损失。再加上德军支撑点的火力只能纵向射击海滩，无法向海上目标射击，这就使得英军登陆部队抢滩冲击时没有遭到炮火射击，冲上海滩进入德军炮火射界后又得到水陆坦克和特种坦克的有力支援，很顺利地控制了登陆场。尤其是特种坦克发挥了巨大作用，迅速清除了德军设置的大量障碍物，为步兵的推进创造了极为有利的条件。英军的推进非常顺利，一直到勒阿米尔村才遭到较猛烈的抵抗，步兵被德军纵深火力所阻遏，推进受阻。这时候英军三辆用于充当开路先锋的“巨蟹”扫雷坦克，在登陆后的战斗中一辆被毁，一辆陷入沼泽，仅剩的一辆开上来一直突入村内将德军火力打哑，为步兵扫清障碍。在其他地方，一切就像演习那样非常顺利。到 11 时，第二梯队第 7 装甲师开始登陆，海滩上已由特种坦克开辟出 7 条通路，所以英军的推进畅通无阻。12 时 30 分，第 50 师集中主力两个旅的兵力并肩向内陆进攻，于当晚 21 时占领阿罗门奇，与在朱诺海滩登陆的加拿大军队会合，将两个海滩连成一片。

位于美、英两军登陆结合部的贝辛港，是个仅有两条防波堤的小港，但对于登陆初期还没有任何港口的盟军而言，却是非常宝贵的。攻占贝辛港的任务由在金海滩登陆的英国海军陆战队第 47 登陆袭击队来完成。该部于 6 日 9 时 30 分在贝辛港以东 14.5 公里处登陆，由于在登陆时损失了所有通信设备，与主力失去了联系，也就得不到后方火力上的支援，面对德军的猛烈抵抗，陷入孤立无援的困境，在海岸附近受阻达 8 小时，直到傍晚时分才到达贝辛港，因敌情不明未敢轻易发起攻击，只好在德军火力下潜伏过夜。7 日拂晓，试图联络奥马哈的美军也未成功，最后利用了缴获的德军通信装备才与主力联系上，这才在海、空火力的支援下于 6 月 7 日攻占贝辛港。

至此英军第 50 师完成了预定任务，占领了纵深约 8 公里的登陆场，当天登陆约 3.5 万人，伤亡约 1500 人。

D 日 7 时 28 分，朱诺海滩

朱诺海滩位于金海滩以东 7 公里处的塞尔河河口两侧，海滩后是一片沙丘。德军在这一带修筑了许多混凝土堡垒和坚固支撑点，但海滩上障碍物相对比较少，火炮也仅配置了 4 门 99 毫米海岸炮，守军是第 716 海防师的一个团，该团士兵大多是俄罗斯人和波兰人，士气低落，战斗力差。

在朱诺海滩登陆的是加拿大第 1 军第 3 步兵师、第 79 装甲师的一个特种坦克旅，由英国海军J编队负责运送。

6月6日4时30分，编队按时到达换乘区，由于航行中天气恶劣，加上导航错误，使登陆时间比预定时间推迟了20分钟，这就意味着登陆将错过合适的潮汐，不得不在涨起的潮水中进行，登陆艇被迫在被潮水淹没的障碍物之间卸下人员、车辆和物资，庆幸的是在登陆时损失并不大，但登陆艇在卸载完成后返航时有很多被布设在障碍物中的水雷炸沉，其中运送一个营的24艘登陆艇被炸沉20艘，损失率高达83%。因为在航空火力和舰炮火力攻击时天气恶劣，所以对德军防御工事破坏不大，因此当加军步兵上陆后，一度遭到德军的压制。还好盟军舰炮火力支援非常及时准确，加上水陆坦克的积极配合，盟军终于突破了德军防线。只是运送工兵的登陆艇很晚才到，排除水下障碍物的工作直到高潮过后才开始，这样使得海滩上通道很少，导致大量车辆拥挤在海滩上，后来在特种坦克支援下打通了12条通路，这才迅速疏通了海滩，保障了后续部队的登陆和推进。在朱诺海滩伤亡最大的单位是英国海军陆战队第48登陆袭击队，他们的任务是打通与东侧宝剑海滩英军的联系。由于他们所搭乘的登陆艇是木壳的，撞在障碍物上损坏严重，队员们只好在深水区就跳下登陆艇游水上岸，结果有很多队员因所携装备太重而溺水身亡，好不容易上了岸又正处在德军机枪火力下，伤亡惨重，最后借助坦克支援，才在海滩东侧取得立足点。傍晚时分，加军先头部队已推进到内陆11公里处，甚至有些装甲部队已到达贝叶至冈城公路，只是没有步兵伴随掩护又退了回来。

当日日终，加军已推进到距冈城5公里处，并与英军的金海滩连成一片，使两个登陆场合二为一，形成正面19公里、纵深10公里的大登陆场。D日全天，加军从朱诺海滩上陆约2万人，伤亡约2000人。

D日7时30分，宝剑海滩

宝剑海滩是盟军五个登陆海滩中最东端的，位于奥恩河和卡昂运河入海口的两侧，由于海底礁石连绵，可供登陆的地区很狭窄，所以登陆正面仅4.8公里，只能展开一个旅的兵力。

德军在这一地区构筑了混凝土堡垒，配置有包括406毫米重炮在内的海岸炮部队，防御力量比较强。

由于登陆正面太过狭窄，在此登陆的英军第 1 军第 3 师的第一梯队仅一个旅。运送第 3 师的是由英国塔尔博特海军少将指挥的 S 编队。为保证登陆编队航行不出偏差，英军还特地派 X-23 号袖珍潜艇在此足足潜伏了两天两夜，在登陆时上浮作航向引导。

6 月 6 日 4 时 30 分，S 编队到达换乘区，5 时 30 分，德军从勒阿弗尔出动了 4 艘鱼雷艇攻击了 S 编队，击沉了驱逐舰“斯文内尔”号。

7 时 30 分，第一梯队旅开始登陆，由于航空火力和舰炮火力准备十分有效，加上第一梯队中的 40 辆水陆坦克有 32 辆顺利上陆，为登陆部队提供了有力的火力支援，使登陆部队进展十分顺利，几乎没遇到多少顽强抵抗。10 时第二梯队旅上陆，13 时第 3 师的预备队旅登陆。除了最初的轻微伤亡外，一切都顺利得出乎意料，这反倒使预料将在海滩上浴血奋战的士兵不知所措，他们没有乘胜前进，而是停下来挖壕固守。只有第 1 特种勤务旅继续推进，很快占领了考勒维尔，并在 13 时 30 分到达奥恩河与英国第 6 空降师会合。15 时 50 分，S 编队司令塔尔博特少将上岸视察，发现海滩上人员和车辆秩序混乱，随即命令派出海滩控制组上岸整顿海滩秩序。

D 日晚 21 时，第 3 师已推进到内陆 6.4 公里，并夺取了贝诺维尔附近的奥恩河上的桥梁，与第 6 空降师会师。而编入第 3 师的 171 名自由法国士兵成为第一批解放自己祖国的法军，当他们坐在坦克上用纯正法语向路边的居民问好时，让在德军占领下饱受数年苦难的人们大为惊喜，法军登陆的消息立即不胫而走，从而在沿途受到了市民极为热烈的欢迎，其热情程度甚至影响了部队的推进。

从 D 日的整体情况来看，盟军在 5 个海滩都取得了成功，登陆人员达 13.2 万多人，车辆 1.1 万辆，物资 1.2 万吨，而且伤亡情况大大低于预计，仅 1.03 万人。海军在登陆当天，因德军的海岸炮和水雷打击，共损失驱逐舰 4 艘，护卫舰、炮舰、扫雷舰各 1 艘。

然而形势并不乐观，盟军没有完成当日任务，没有占领预定占领的地区，尤其是没有占领卡昂和贝叶。而且在5个海滩中，只有金海滩和朱诺海滩连成一片，其余海滩之间都存在不小的空隙，特别是美、英两军之间还有达12公里的大空隙。要知道只有顶住了德军随后的反击，并将5个海滩连成一片，扩展成统一的登陆场后，才能谈得上胜利。

七、无力的反击

对盟军在诺曼底的登陆，德军反应迟缓出乎盟军意料。

在D日德军并未组织反击，这主要是因恶劣天气影响，德军气象部门没有预报出6月6日的短暂好天气，因此德军从上到下都认为盟军是不可能在这样的天气里发动进攻的，前线部队没有进入临战状态，甚至一些必要的巡逻警戒都被取消了。就在盟军登陆的关键时刻，德军一些重要指挥官都不在岗位，诺曼底地区唯一的装甲部队，也就是德军最初反击的中坚，第21装甲师师长费希丁格少将以及师作战处处长认为恶劣天气不会有什么情况，乘机到巴黎休假去了，只留下参谋长在师部值班。

B集团军群司令隆美尔正赶回赫尔林根的家中庆贺妻子的生日。而掌握战略预备队指挥权的希特勒刚刚入睡，随从接到前线的紧急报告，却不敢叫醒他，直到他自己醒来，此时已是6月6日上午10时，盟军的空降兵着陆已8小时，登陆兵上陆也已4小时。在这一期间，德军西线司令部要求将战略预备队的装甲部队投入反击，但被总参谋长约德尔拒绝。希特勒醒后，听取了有关部门的报告，认为在诺曼底的登陆只是一场佯攻，所以下令第15集团军和战略预备队都不得调往诺曼底。可到了当天的14时，他改变了主意，将党卫军第12装甲师划归诺曼底的第7集团军指挥，一小时后即15时，又命令党卫军第12装甲师和装甲教导师组成党卫军第1装甲军，立即开赴诺曼底。但这一命令因盟军强烈的电子干扰，直到16时才传达到这两个师，而此时这两个师离战场距离都很远，加上盟军空军对交通线的严密封锁，根本无法在D日投入战斗。

在D日组织反击的只有第21装甲师，可是师长不在指挥岗位，参谋长无权调动集结部队，他只好将手上仅有的24辆坦克派去攻击卡昂以东的英军。因为仓促出动，准备不足，加上没有步兵伴随支援，被英军轻而易举击退。当天下午，师长费希丁格赶回师部，集结所属部队向朱诺海滩和宝剑海滩之间的卢克镇发动攻击，当时盟军在这两海滩之间尚有数公里的空隙，德军的这一反击正打在盟军的要害处，将会给盟军带来不小困难。当第21装甲师还在行进间，盟军的500架运输机正从头顶飞过，为英军第6空降师运送后续部队和补给，而费希丁格误认为盟军空降伞兵正是要前后夹击本部，惊慌失措不战自乱，放弃反击匆忙后撤。

除此之外德军在D日就再没什么反击了。

6月6日，也就是被隆美尔预言为“决定性的24小时”，被艾森豪威尔称作“历史上最长的一天”，就这样平静地度过了。

6月7日，希特勒将西线装甲集群的5个装甲师的指挥权交给隆美尔，隆美尔决心凭借这支精锐部队大举反击，但面对严峻局势，他不得不把反击的第一个目标定为先阻止盟军将5个登陆滩头连成一个完整的大登陆场，其次是确保卡昂和瑟堡安全。可惜这支装甲部队从100~200公里外赶来，一路上在盟军猛烈空袭下，根本无法成建制投入作战，即使零星部队到达海滩，也在盟军军舰炮火的轰击下伤亡惨重，失去了往日的威风。就这样整个白天，在盟军海空军绝对优势火力下，德军无力发动决定性的大规模反击。

7日下午，艾森豪威尔在海军司令拉姆齐陪同下，搭乘驱逐舰到达诺曼底，视察登陆滩头，并同蒙哥马利等高级将领讨论战况，认为在犹他海滩和奥马哈海滩之间的卡朗坦河口留有一个大缺口，这是个很严重的隐患，为此艾森豪威尔决定改变原定计划，命令美第5军和第7军暂不急于去攻占瑟堡，而是抓住德军尚无力反击的有利时机，先封闭这一缺口。英军则肃清海滩附近残余德军，进一步巩固登陆场。当天英军攻占巴约。

6月8日，德军3个装甲师向卡昂地区英、加军结合部猛攻，却遭到英军反坦克炮和海军舰炮联合抗击，损失极大。至此隆美尔和龙德施泰特都明白以现有兵力是无法消灭登陆的盟军了，于是只得下令就地转入固守。这一天奥马哈的美军与金海滩的英军取得了联系，初步封闭了两地之间的缺口。

盟军三天来，总共上陆部队 25 万人，车辆 2 万辆。

6 月 9 日，希特勒在龙德施泰特的极力要求下，同意从驻加来的第 15 集团军中抽调 17 个师用于诺曼底。但在盟军“刚毅”计划的影响下，同时在总参谋长约德尔、最高统帅部办公厅主任凯特尔、西线情报处处长罗恩纳等人的反对下，希特勒于午夜时分，下令停止增援诺曼底，并将其他地区部队火速调往加来。龙德施泰特闻讯后仰天长叹：“这场战争输定了！”

同一天，美军第 2 步兵师在奥马哈海滩上陆，美第 5 军在得到该师增援后，向西向南大步推进。

6 月 10 日，隆美尔和西线装甲集群司令施韦彭堡上将一致决定集中在诺曼底的所有装甲部队，在第 2 空降军的配合下，全力反击，以阻止盟军继续扩大登陆场。不料盟军的飞机轰炸了西线装甲集群司令部所在地，施韦彭堡被炸成重伤，他的参谋长和很多参谋人员丧生，使得这次反击还未实施就胎死腹中。

6 月 11 日，美第 5 军推进到科蒙—塞里亚—伊济尼一线，其先头部队正越过维尔河口，努力打通与美第 7 军的联系。德军明白一旦这两个军连成一片将构成极大威胁，所以全力阻止美军的行动，双方激战不断，黄昏时美军第 5 军已同第 7 军建立起了联系。同一天，盟军的人工港被拖到诺曼底投入使用，使盟军的卸载速度大大提高，在美军地段的“桑树 A”人工港，卸载车辆的速度达到每分钟 2 辆。在英军地段的“桑树 B”人工港，物资卸载量从最初的日平均 600 吨，发展到后来的日平均 1500 吨。

6 月 12 日，美军攻占卡朗坦。

至此 5 个登陆场连成了一片，形成正面宽 80 公里，纵深 12 ~ 18 公里的大登陆场。在 7 天里共上陆人员 32.6 万，物资 10.4 万吨，并继续向前线运送更多的人员、物资、装备和补给。

在盟军登陆后，德军从本土和意大利调集飞机，攻击登陆滩头，只是实力相差太过悬殊，只能在夜间进行一些骚扰性质的空袭，起不到什么作用。德军 7 天里共出动飞机 1683 架次，还不及盟军一次出动的飞机架次，取得的战绩只是击沉了 2 艘驱逐舰和若干艘小型舰艇。

昔日不可一世的德国空军在这场决定性的战略登陆战中，却沦落到仅仅是象征性地出动，这从一个侧面反映出德国的失败已不可避免。

第五篇
扩大战场　进军巴黎

站稳脚跟，扩大登陆场，把法国西部海滩变成盟军新的作战基地成为盟军的当务之急。

盟军下一步的目标就是进军巴黎，而冈城是通向巴黎的门户，必须夺取。它是盟军向欧洲大陆纵深进攻的枢纽所在。在蒙哥马利元帅的作战计划中，冈城是盟军进攻欧洲大陆的左转枢纽，盟国军队从诺曼底登陆后将围绕这座小城镇转向东北，再发动直指法国首都巴黎和德国的莱茵河的进攻。

一、阵地视察

1944 年 6 月 7 日，诺曼底登陆翌日。

早上，盟军陆军总指挥蒙哥马利将军乘英国军舰“福尔克诺”号，越过英吉利海峡来到诺曼底海滩英军作战地区。

上陆后，蒙哥马利将军立即在冈城以西 10 多公里的克鲁利建立起作战指挥部。眼下他是代表艾森豪威尔将军统一指挥英、美两国地面部队的作战，当前任务是扩大滩头阵地。

很快，蒙哥马利又乘船向西进入美军作战地区，登上美国海军“奥古斯塔”号，与先前来到的美军第 1 集团军司令布莱德雷将军会晤。双方讨论了东翼奥马哈滩头的作战情况，并制订了解决办法。

不久，传来了奥马哈滩头作战情况好转的消息，布莱德雷将军立即上了岸，为下一步行动进行筹划。

当蒙哥马利将军乘船返回英军作战地区时，他走到舰舷上远远望去。此刻，风平浪静，阳光灿烂。他的四周全是舰只，近处是几十艘登陆舰和运输舰，远处用于封锁的舰船和建造人造港的船舶也相继到达，颇为壮观。他感到坐在驱逐舰上作列队航行，真是一大乐趣。

德军空军没有出动飞机轰炸，眼前看不到陆上和海上有什么作战信号。

6 月 7 日，诺曼底登陆翌日，身为盟军最高司令官的艾森豪威尔将军，在海军司令拉姆齐的陪同下，也乘坐皇家海军“阿波罗”

号驱逐舰到诺曼底登陆作战地区观察。

艾森豪威尔用一整天的时间巡视了所有滩头，并寻找机会同包括蒙哥马利、布莱德雷以及各登陆编队的司令官们举行会谈，就当前战事进行协调。

艾森豪威尔亲自登上奥马哈海滩。那时突击奥马哈的美军第1师和第29师刚刚击溃敌军，正向内地挺进。许多孤立的德军据点还在坚持抵抗，其中有些据点不断用令人恼火的炮火轰击盟军的滩头和登陆船只。

艾森豪威尔感觉布莱德雷将军还像以往一样勇敢，对登陆作战的胜利满怀信心。

视察后艾森豪威尔认为，下一步美军应集中力量先堵住犹他滩头和奥马哈滩头两处登陆部队在卡朗坦留下的缺口，建立一个稳定的登陆场，而不要急于夺取瑟堡。

在盟军将领们的指挥下，盟军登陆的兵力迅速增长。到6月10日，已经占据有一个防守很好而又连成一片的登陆场，它的纵深足以保护登陆海滩不受德军炮火的袭击，并可为战斗机修建简易跑道。

6月10日，英国首相丘吉尔登上一艘驱逐舰，渡过英吉利海峡，到诺曼底前线的英军滩头阵地视察。此时，英军已经深入内陆11~13公里了。

当他们走下舰时，蒙哥马利满怀信心地在海滩上相迎，一脸笑容。

丘吉尔等一行在蒙哥马利的陪同下，驱车来到这块有限的法国土地。当时的炮火极稀少，天气晴朗，他们看到了此地乡间的一派富庶景象。田野里满眼是正在晒太阳或游荡着的可爱的黄白色母牛。居民们看起来也轻松多了，并且热情地向来访者招手。

蒙哥马利的司令部设在内陆约8公里的一处别墅里，周围有草坪和湖水环绕着。大家在一个面向敌方的帐篷里共进午餐。

蒙哥马利将军一直兴高采烈。首相丘吉尔问："真正的前线距离我们这儿有多远？"

"大约有5公里吧。"蒙哥马利回答道。

“此时是否有一条接连不断的防线？”首相又问。

“没有。”

“那么，有什么办法来阻止德国装甲兵突然闯进来，把我们的午餐给打散呢？”首相风趣地说。

“我认为德国人不会来。”蒙哥马利说。

参谋告诉丘吉尔，这座别墅在昨天晚上遭到猛烈的轰炸，此刻就在它的周围有好几个弹坑。

天气依然晴朗，除了偶尔有空袭警报和高射炮火外，那里几乎听不到枪声，仿佛没发生战争。

丘吉尔一行在有限的滩头阵地好好地视察了一番，并且细细地体味了在收复地行走的喜悦，然后，搭乘“克尔文”号驱逐舰回到了英国本土。

第二天，伦敦各大报纸和电台都用很长篇幅报道了丘吉尔首相在蒙哥马利元帅陪同下的诺曼底之行。

二、节节败退

毫无疑问，盟军在D日取得了成功，但能否守住这一胜利果实，还要看后续部队能否按计划登上诺曼底了。

德国人在抗击上陆盟军的同时，千方百计地阻止盟军增兵。为此，德国西线海军司令部制订了如下计划：

1. 驻瑟堡的第5和第9鱼雷艇支队执行在登陆地域内布雷和鱼雷攻击任务（特别是在美军地段）。

2. 驻布洛涅的第2和第4鱼雷艇支队，在韦斯特朗附近布雷并在东部海军特混舰队活动区进行鱼雷攻击，方便时可从勒阿弗尔和瑟堡出发。

3. 驻奥斯坦得（比利时）的第8鱼雷艇支队在海峡东部巡逻。

另外，德国人手里还掌握着一种秘密武器——水压水雷，当时盟军尚无法对付这种水雷。

盟军针对本次作战舰船多且集中，舰艇机动范围小，而盟军握有空中优势的特点，决定采取固定的防御体系：

朴茨茅斯和普利茅斯海军军区以及多佛尔海军军区共同负责警戒英吉利海峡；东、西两个特混舰队分别负责各自的登陆地域侧翼警戒。东、西两个特混舰队的司令又在各自的警戒区内划分了若干分区和警戒线。

这时，对盟军增兵行动最大的威胁就是德军 E 级艇和潜艇在夜里的攻击及水压水雷的破坏。盟军船只受损的消息不断传来：

7 日夜到 8 日晨，从瑟堡出航的德军第 9 支队的 E 级艇攻击了由坦克登陆艇和大型步兵登陆艇组成的船队，2 艘坦克登陆舰被击沉、1 艘被击伤。

8 日夜到 9 日晨，E 级艇攻击了由 17 艘舰船组成的 EBC3 船队；另一群 E 级艇攻击了 ECMI 船队，2 艘坦克登陆舰被击沉。

■ 盟军空袭勒阿弗尔 E 级艇

9 日夜到 10 日晨，E 级艇又击沉了满载弹药的英国近海船；第二天夜里又有 2 艘拖船被击沉，一艘护卫舰舰艄被炸掉……

形势表明，必须彻底制止 E 级艇的疯狂进攻。

6 月 14 日，根据拉姆齐的要求，18 架“蚊”式战斗机和 335 架“兰开斯特”式轰炸机空袭了在勒阿弗尔集中的 E 级艇，一举击沉各种舰艇 39 艘，重创 8 艘。

15 日，盟军又空袭了布洛涅港。结果，E 级艇从此只能进行有限的布雷行动，而德国潜艇在盟军强大的空中优势下也只能望船兴叹毫无作为。

希特勒开始报复了，伦敦战区很快就变得比任何人所能预料的更为可怕。

6 月 13 日那天晚上，沿英国东南海岸出现了凶险的征兆。空袭警报器在多佛尔的峭壁上尖声嘶叫，防空探照灯在英国乡村的上空画出由无数个光柱组成的巨大十字。然后，双筒自动高射炮的红色曳光弹，像喷泉似的在沿海数公里长的夜空中喷射。火箭炮也向空中怒吼。

当弹壳碎片穿过灌木丛雨点般落下时，人们发现一道亮光划破夜空——没头没脑、没有眼睛的德国火箭，从英吉利海峡对岸飞到英国内地，在洒满月光的田野上像横冲直撞的蝙蝠一样地呼啸着，如同成百上千的吸血鬼飞来吸吮英国人的鲜血。

这就是德军新研制的秘密武器 V-1 型火箭。它是一种用弹射器发射的飞航式导弹，长 76 米，飞行高度 2000 米，时速约 600 公里，射程可达 370 公里，携带炸药重 7000 公斤。

为了对英美盟军诺曼底登陆的行动进行报复，迫使英国和谈，1944 年 6 月 13 日夜，德国首次向英国发射 10 枚 V-1 火箭，其中一枚落在英国领土上。

6 月 15 ~ 16 日，德国又发射 200 枚火箭，在飞越海岸的 144 枚中有 73 枚击中伦敦。它的巨大威力给伦敦市民带来巨大的恐慌。

空袭警报不停地嘶鸣着，四处传来高射机枪向空中徒劳无益射击的声音，火箭仍不断地飞来，在远处的什么地方又传来一阵爆炸声。防空高射机枪更猛烈地射击着，防空警报器的声音不断地响着，而且越来越刺耳，越来越尖利。

到7月6日止，从法国沿岸各发射场发射的火箭共有2754枚，伦敦平均每天要挨100枚。

大不列颠曾经遭到过可怕的空袭，但盟军于6月在诺曼底登陆成功后，平民们确实大大地松了一口气，他们不仅期待着胜利，而且希望以后再不会遭到空袭。而当德国的新式火箭开始大量袭击伦敦时，平民们的希望破灭了。前线的士兵也开始担心家里亲人和朋友的安全。

因此，必须尽快地阻止德军的火箭发射。

后来英国皇家空军飞临法国北部，成功地将德军火箭储存库炸毁。到8月底，V-1火箭已不再构成严重威胁，希特勒所宣称的“奇迹”并没有出现。

盟军登陆，非同小可，使纳粹将军们慌了手脚。

龙德施泰特和隆美尔认为，现在是当面把真相告诉元首希特勒的时候了，并且要他承担一切后果。

6月17日希特勒到苏瓦松北面的马吉瓦尔同他们开会，讨论形势。开会地点是在一所坚固的地下避弹室里。

有趣的是，这座避弹室曾准备在1940年夏天进攻英国时作为希特勒的大本营，但是一直没有使用。现在过了4个夏天，德军非但没有向英国进攻，如今反而正受到盟军的进攻。

希特勒脸色苍白，神经质地摆弄着他的眼镜和夹在手指间的红蓝铅笔。他弯着腰坐在一个凳子上，陆军元帅和将军们站立着。

他冷冷地同大家打了个招呼，然后愤愤地说，他对盟军登陆成功十分气恼，并要在场的所有战地指挥官负完全责任。他说：“我命令全体将士，必须坚持抵抗，尽快收复失地。”

两位元帅向希特勒力陈让德国陆军在诺曼底流血送死的不明智，他们建议把第7军有秩序地向塞纳河方向撤退，以免被盟军歼灭。因为撤至塞纳河一带后，第7军可以会同德军第15集团军一起，与盟军进行一场虽属防御性却是机动性的作战，至少会将盟军迟滞在对德军有利的一线，而且尚有一些成功的希望。

希特勒对两位元帅的上述建议根本不感兴趣，对其他任何建议都听不进去，特别在随机调动部队方面，他甚至不肯给这些陆军元帅们比以往更多的自由。

希特勒不仅对陆军元帅们的忠告置之不理，反而滔滔不绝地向他们保证说，新的 V 型武器，即前面提到的火箭，将对战局产生决定性的影响。陆军元帅们要求说，既然这种武器如此有效，就应该马上用来对付盟军所入侵的海滩，或者用来对付在英国南部盟军部队集结的港口，而希特勒却坚持必须集中轰炸伦敦，“以便使英国转向和平”。

这样，德军防御部队只能守在不断崩溃的防线上，毫无希望地坚持下去。陆军元帅和将军们也只能勉强执行希特勒命令，即必须不惜一切代价坚守冈城—阿弗朗什一线。

很快，战争事实证明希特勒所指望的 V 型火箭，没有产生他所预期的那种效果，而盟军在诺曼底的军事压力却越来越大。

有一天，希特勒向西线司令部询问：“我们该怎么办？”

德军西线总司令龙德施泰特元帅反驳说：“结束战争，此外还能做什么！”

气恼的希特勒很快撤了龙德施泰特的职，把东线的克鲁格调来接替他。

克鲁格元帅是一个身强力壮而富有进取心的军人。起初，他非常高兴，并且像所有新上任的司令官一样，充满信心。但是不到几天工夫，他就变得非常严肃和沉静了，因为眼前的战事太严重了。

没过多久，即克鲁格上任还不到 2 个月，德军不仅整个防御阵地被盟军突破，而且一支数量巨大的德军被围困在法莱兹“袋形地”里，全军覆灭。8 月 16 日，克鲁格被希特勒撤职。两天后，他在乘车返回德国的途中吞服氰化钠自杀。

他在给希特勒的最后一封信中说，虽然他认为对于部队的失败没有任何罪过，但他看不出在德国国内会获得多大同情，看来自杀是他可以采取的唯一的体面方法。他要求元首认识德国绝望的处境并缔结和约……

6月6日下午，当诺曼底登陆开始不久，英国首相丘吉尔就致电斯大林，通告了诺曼底登陆行动：

> 一切都进行得很顺利。水雷、障碍物和地面的炮台大多已被克服。空降很成功，而且规模很大。步兵登陆进展迅速，许多坦克和自行推进火炮已运上岸。气象预报中天气常转佳。

斯大林收到英国首相的电报，十分高兴。他当即回电表示热烈祝贺，回电说：

> 接奉来电，得悉“霸王”作战行动业已开始，并获成功。我们同感欢欣，并祝获更大成就。按照德黑兰会议协议所组织的苏军夏季攻势，将于6月中旬以前，在前线某一重要地段开始。苏军的总攻将随着部队之陆续转入进攻而逐步展开。从6月底到7月间，各项进攻行动将汇成苏军的总攻势。攻势行动的进展情况，当随时奉告。

正如斯大林在电报中所讲，6月10日苏联红军的夏季攻势中的第一阶段在列宁格勒战线展开，它拉开了苏军1944年整个夏季进攻的序幕。

这次战役从6月10日开始到8月9日结束。苏军参战的有：戈沃洛夫元帅指挥的列宁格勒方面军右翼部队、梅列茨科夫大将指挥的卡累利阿方面军左翼部队，总共45万余人，火炮和迫击炮近1万门，坦克和自行火炮800多辆，飞机1547架。战役目的是迫使芬兰退出战争，改善苏德战场北翼的战略态势。

6月10日和11日，列宁格勒方面军第21、22集团军分别发起进攻。17日苏军突破芬军第二道防线。

20日突破第三道防线，占领维堡。

21日，卡累利阿方面军第7集团军发起进攻，强渡斯维尔河。

25日解放了奥洛涅茨。

7月底苏军进抵苏芬边境线。至8月9日战线稳定在库达姆古巴、皮特凯一线。这次战役减轻了对苏军北翼的威胁，同时也为苏军尔后在波罗的海沿岸作战创造了有利条件。

6月23日苏军又发动了白俄罗斯战役，波罗的海第1方面军、白俄罗斯第1、2、3方面军都参加了这次战役，总兵力240万人，火炮3.64万门，坦克5200辆，作战飞机5300架。

经过激战，苏军消灭德军54万人，给予德军中央集团军群以毁灭性打击，苏军战线向西推进500～600公里，解放了白俄罗斯全部领土和立陶宛的部分领土，并在波兰军队配合下，解放了波兰的东部，逼近了东普鲁士和华沙。

7月13日乌克兰第1方面军在乌克兰西部和波兰东部发起了进攻，苏军共有120万人。在这次战役中，苏军共击溃德军23个师，全歼13个师，解放了西乌克兰和波兰东南部，为尔后在华沙方向至柏林方向上的进攻占据了有利的地位。

上述几个苏军战役都从战略上有力地配合了盟军在西线开辟的第二战场，苏军一系列的有力进攻，极大地牵制了德军，使其不能从东线抽出部队应付西线。

对于整个诺曼底登陆战役，斯大林元帅给予了高度评价。正如6月11日斯大林元帅在获得诺曼底登陆成功的消息后，分别给丘吉尔和罗斯福发去的电报所指出的：

> 显然，原定计划中这次规模庞大的登陆行动，已经全部成功了。我的同事们和我不得不承认：就其规模，就其宏大的布局，以及杰出地执行计划情况来讲，战争史上从来没有过足以和它类比的事业。如众所周知，拿破仑当年打算强渡海峡遭到可耻的失败。歇斯底里的希特勒吹了两年牛皮，说要强渡海峡，但是就连作一个企图进行威胁的暗示也下不了决心。只有我们的盟国才光荣地胜利实现了强渡海峡的庞大计划。历史将把这一业绩当作一项最高的成就而记载下来。

三、攻占瑟堡

登陆开始后第 2 天，即 6 月 7 日，天气虽然晴朗，海面上依然刮着 5~6 级的强风。盟军登陆的诺曼底海面上一直波涛汹涌，被击伤和损坏的舰船随波漂荡……

到 6 月 19 日为止，盟军实力与日俱增。横渡海峡运输舰队已把大约 20 个师的部队送到陆上，盟军的集结速度超过德军，在诺曼底已拥有 50 万人左右的兵力。

盟军已经像汹涌的潮水一样，不断涌向欧洲大陆。

与此相反，由于盟军的无情空袭，再加上交通线在前些日子已遭破坏，德军元帅隆美尔不可能得到编制完整并能立即投入战斗的增援部队。

6 月 19 日拂晓时分，一场 40 年来罕见的大风暴席卷了英吉利海峡，8 级大风卷着 18 米高的巨浪向盟军的人造港猛扑过来。

很快，暴风使小型水陆载重汽车像无头苍蝇一样，在近海运输船和海岸之间到处乱撞。有的舰艇被折断，有的锚链断裂，失去控制，互相碰撞。

第二天，风依然刮得很大。盟军在滩头阵地修筑的小型跑道已根本不能降落飞机，海上交通也完全中断了。

这场大风持续了 80 多个小时，直到 22 日傍晚时才开始停息。

此时，映入精疲力竭的舰员们眼中的是满海滩的破船烂车，乱七八糟的各种类型的装备。

据统计，总共有 800 艘各种舰船被刮到了岸边，其中大部分受损搁浅，4 天的大风暴比敌人两个星期造成的损失还要大。

可怕的是，大风暴引起了登陆部队补给品的严重不足，缺乏补给使原定的横渡奥登河的进攻无法实施，而且使本该登陆的 3 个师滞留在海上，盟军的攻击规模受到了限制，德军则可乘机调动预备队投入登陆场作战……

人造港毁于大风暴，使盟军愈加感到必须马上夺取瑟堡港，因为只有这样才能尽可能不受天气的摆布，使增援部队和补给品有一个稳定的来源。

瑟堡港是盟军生命线上的隘口，必须夺取，然而，又谈何容易!

那里原来防御就很强，其所处的位置又易守难攻，况且，希特勒下了死命令，要求守住瑟堡。

在瑟堡的所有德国人都被编入了现役，使瑟堡成为一个拥有 4 万多守军和几十个大口径炮兵连和暗堡炮连的要塞，在瑟堡外围，德军形成了一条比较稳定的战线。

美第 7 军军长柯林斯少将率部稳步地向科唐坦半岛前进，进攻锋芒直指瑟堡。6 月 18 日第 7 军切断了科唐坦半岛。到 6 月 22 日，他的兵力已增到了 4 个步兵师、2 个空降师、2 个摩托化侦察营和 2 个坦克营。

柯林斯少将根据德军在最后一阶段的撤退速度，认为已经不再需要舰炮火力支援，便可轻松地拿下瑟堡。可是德军在撤到瑟堡市郊的防线之后，便不再继续撤退了，而是转过身来开始转入防御，摆出了一副负隅顽抗的架势。

德军环形防御是一道从瑟堡向西延伸 11 公里，向南延伸 6 公里，向东延伸 13 公里的弧形野战工事。面对这些欲作困兽之斗的德军，柯林斯不得不改变决定，申请舰炮火力支援。

此时，陆军已经推进到瑟堡近郊，第 9 师在左翼，第 79 师在中路，第 4 师在右翼。到 6 月 21 日夜间，第 7 军的先头部队已到达离该城约 2 公里的半圆形地带。两个海角的德军已被包围在相互隔离的两个“口袋”里。

美国海军少将戴约指挥的第 129 特混舰队担任了攻击瑟堡的火

力支援队，该编队下设两个大队并配有一个扫雷舰大队。

6月25日4时30分，戴约少将指挥的火力支援队从波特兰出航，顺利地渡过海峡。第1大队于9时40分到达瑟堡以北15海里处，第2大队在其东边数海里处，作好了火力支援的准备。

柯林斯少将生怕舰炮伤了自己的部队，所以要求各舰队开火前要占领近距离火力支援阵位，不仅如此，各舰舰长还得到通知，中午前不得射击，除非敌人向他们开火，从12时起，他们才可以对那些由“舰炮火力岸上控制组”指定的目标以及向他们开火的德军岸炮连射击。

12时过去了，因为没有得到命令，舰炮仍然保持着可怕的沉默，舰员们虎视眈眈地注视着瑟堡。

这种沉默只持续了5~6分钟，瑟堡港西边奎尔村出现了火炮发射的闪光，德军150毫米岸炮连打破沉默，猛烈轰击了瑟堡港以北的近距离火力支援区的扫雷舰，美军舰炮则以极快的速度开始了反击。

4艘英国巡逻艇施放了烟幕，就在德军第2次齐射所激起的水柱还没有落下之前，戴约就发出信号：“对准正在向扫雷舰射击的敌炮连射击。”顿时，奎尔村立即被炮火覆盖了，一场岸舰之间的激烈炮战开始了。美军的军舰一边规避着敌人的齐射，一边在校射飞机的协助下发出一串串准确的炮火，正在进行进攻作战的美第7军得到了及时而准确的火力支援。

第2大队在转到近距火力支援区时，遭到了德军猛烈的炮火袭击，他们无法按计划与第1大队会合，因此，不得不去对付莱维角的敌“汉堡”炮连，这个德军岸炮连射程远、射界宽，可以对瑟堡的海上接近地进行有效射击，必须打掉这个岸炮连！

于是，这里也展开了一场激烈的炮战，岸舰之间弹如飞蝗，空中、海上和陆地能看见的只有炮火的闪光、冲天的水柱和滚滚的浓烟……

瑟堡海面的炮战愈来愈激烈，虽然有些舰只已经受到不同程度的创伤，但整个火力支援队在校射飞机的协助下却愈战愈勇。当上级规定的90分钟舰炮火力准备即将结束时，戴约感到并没有达到预期效果，他不愿按规定时间撤出战斗。在与第7军军长柯林斯少将取得联系的前提下，舰炮火力支援又持续了80分钟。

在舰炮的有力支援下，美陆军从后面攻占了鲁尔炮台。

6月26日，第9师和第79师攻入瑟堡市区，经过激烈的巷战，德军守备司令和瑟堡海军司令投降。

瑟堡战役结束了，但付出了惊人的代价。战场上弹坑遍地，弹痕累累，绿色植物所剩无几。在东倒西歪的纳粹掩体中，到处是各种残骸：弹药箱、各种子弹和破衣烂衫。

在阵地后45米的小道上，有一顶钢盔，这是美军第2营的一个士兵的，钢盔前沿有个子弹孔，后边也开了口，帽子还是湿漉漉的……

自登陆日起，已有4000名美国士兵牺牲了。

德国人遵照希特勒的命令已经把瑟堡变成了废墟。瑟堡火车站被整整一列货车炸药炸毁。港区内到处是沉船，并布满了水雷。所有大型起重设备和其他港口设备都被破坏了，整个瑟堡港被破坏的严重程度比盟军原先预计的要严重得多。

7月1日，拉阿格角和整个科唐坦半岛被盟军完全占领，守军全部被肃清。

清理瑟堡港的工作很快开展了，第一批货物于7月16日运到瑟堡港，整个瑟堡港的清理直到9月21日才结束。

四、扩大战果

就在美军攻占瑟堡的同时，蒙哥马利指挥英军第2集团军，于6月26日以4个师的兵力发起代号为“埃普索姆赛马场”的作战，猛攻卡昂，于当天中午攻占合克斯，并继续向前推进，但左右两翼都受到德党卫军第12装甲师的坚决反击，前进非常艰难。

6月27日，英军经一番苦战，击退德军的反击，占领劳良，先头部队第11装甲师控制了奥登河上的桥梁。

6 月 28 日，英军主力渡过奥登河，建立起正面宽 3650 米，纵深 900 米的桥头阵地。

6 月 29 日，德军集中 5 个装甲师发起反击，盟军的空军趁着天气晴朗的有利条件大举出动，对德军装甲部队实施了极其猛烈的轰炸，瓦解了德军的攻势，英军第 11 装甲师乘机占领卡昂西南的战略要地 112 高地，德军深知 112 高地的重要价值，随即组织多次反扑，但均未得手。

6 月 30 日，德军集中所有炮火，全力炮击 112 高地，在猛烈炮击下，英军难以坚守，只好放弃 112 高地撤到奥登河岸边。德军虽夺回了 112 高地，但一直在盟国空军的猛烈打击下，无法集中使用装甲部队，也就发挥不出装甲部队巨大的突击威力，一般只能使用 200 名步兵和 15 ~20 辆坦克组成小型战斗群进行短促出击，难以取得胜利，加上几天来坦克损失约 100 辆，又得不到补充，隆美尔为确保卡昂，只好放弃外围一些阵地，将全部 900 辆坦克中的 700 辆部署于卡昂近郊。盟军在占领卡卢克机场后，再无力推进，双方陷入对峙。

6 月 29 日，隆美尔和龙德施泰特晋见希特勒，汇报了当前的战局。希特勒对此大为不满，调整了德军西线高层指挥人事，以克鲁格元帅取代龙德施泰特任西线总司令，埃伯巴赫取代施韦彭堡指挥西线装甲部队，并将所部改称第 5 坦克集团军，以党卫军上将豪瑟接替刚刚病故的多尔曼上将职务，任第 7 集团军司令。

7 月 1 日，盟军宣布“霸王”登陆作战中的海军作战即“海王”作战胜利结束。随即撤销东、西特混舰队的番号，所属舰艇一部分被调往地中海和太平洋。盟军又在诺曼底新设立两个海军基地司令部，一个在瑟堡，一个在朱诺海滩的人工港，具体负责指挥调度人员、物资的运输和卸载。

到 7 月初，盟军已上陆 25 个师，其中 13 个美国师，11 个英国师，1 个加拿大师，共 100 万人，56. 7 万吨物资，17. 2 万部车辆。盟军仍觉得登陆滩头太狭窄，便继续扩大登陆场。美军为保障日后能展开大规模的装甲部队，取得有利的进攻出发阵地，美军第 1 集团军在攻占瑟堡后即马不停蹄地挥师南下。

7 月 3 日，盟军集中 14 个师的兵力，向登陆场正面德军约 7 个师发动猛攻。因前进的道路上是大片沼泽地和诺曼底地区特有的树篱地形，易守难攻，加上天气不佳空军也无法出动，所以进展缓慢，在 5 天里才前进 6.4 公里，而伤亡高达 5000 人。接下来足足经 7 天的浴血奋战，又付出 5000 人的伤亡才推进 4.8 公里。伤亡如此之大，主要是前进的道路两侧都是沼泽地，只能展开 1 个师的兵力，在遍布地雷、障碍物的道路上只能步步推进。

7 月 6 日，直属盟军最高司令部指挥的具有极强机动力和突击力的美军第 3 集团军，在骁勇善战的巴顿率领下，踏上欧洲大陆。

7 月 9 日，德军党卫军装甲教导师被调到维尔河地区，抗击美军的攻势，尽管该师全力奋战，仍阻止不了美军的推进。

7 月 11 日，西线美军向诺曼底地区重要的交通枢纽圣洛发动钳形攻击，但德军依托预先构筑的工事拼死抵抗，美军的攻击未能如愿。于是美军停止攻击，整顿部队，补充弹药，准备第二轮进攻。而德军人员、装备、弹药所剩无几，又得不到补充，已是山穷水尽。在美军随后发起的第二轮进攻中终于不支，圣洛于 7 月 18 日被美军攻占。

与此同时，东线的英军对卡昂发动第二轮攻势。7 月 7 日，盟军出动 460 架次重型轰炸机，对德军阵地进行密集轰炸，在 40 分钟里投弹达 2500 吨。7 月 8 日，英军 2 个师和加军 1 个师在海军舰炮火力支援下，向卡昂实施向心突击。不料空军的猛烈轰炸虽给德军造成了惨重伤亡，却也造成了遍地瓦砾废墟，其损坏程度甚至严重影响了本方地面部队的推进，因此英军于 7 月 10 日才占领卡昂。

在随后的一周里，盟军一边补充兵力物资，一边不断向正面德军施加压力，使其无法重新调整部署。

7 月 18 日，为进一步将登陆场扩大到奥恩河至迪沃河之间，英军继续由卡昂向东南推进，为配合英军的进攻，盟国空军实施了更猛烈的航空火力准备，共出动 1700 架次重型轰炸机和 400 架次中型轰炸机，投弹达 1.2 万吨，并吸取对卡昂轰炸的教训，炸弹都改用瞬发引信，以减少对道路的破坏。德军也改变战术，采取纵深梯次防御，大量使用 88 毫米高射炮平射坦克，并利用有利地形不断组织反冲击，使英军伤亡很大，坦克损失达150辆，进攻被迫停止。

尽管英军的进攻没有取得进展，但在整个战场上，盟军已到达冈城—科蒙—圣洛—莱索一线，形成正面宽150公里，纵深15~35公里的登陆场，建立并巩固了战略性质的桥头堡。

五、“赛马会”攻势

英军对德军防御阵地实施强有力的轰炸之后，随即展开了“赛马会”攻势。德军西线B集团军群司令隆美尔元帅事先也料到了这一招，他在纵深约16公里设防坚固的防御区内，精心配置了大量坦克和各种火炮，此外，还层层布下数以百计的可怕的88毫米火炮和6管火箭发射器。

隆美尔分兵把守着各制高点。早在数月之前，他就打算万一这里的战斗爆发后不能当场把敌人赶入大海，也要在这一带摆开战场与敌周旋，并最终将其歼灭。然而，命运却注定隆美尔不能亲自指挥这场战斗。

7月17日下午，隆美尔视察前线后驱车返回总部，途中遭到一架低空巡飞的皇家空军战斗机的扫射，结果翻车受伤。隆美尔人事不省，伤势严重，被送入医院，从此再也没能重返战场。出院后，隆美尔由于先前参与谋害希特勒的秘密活动，事败后，于1944年10月自杀。

在盟军进攻部队与德军防守的法莱兹开阔平原之间，德军隐蔽埋伏的88毫米火炮群，排列密集，无边无际。英军装甲部队和步兵部队不顾伤亡惨重，持续猛攻了72个小时。战斗结束时，英军损失了200辆坦克和1500多名士兵。

7月19日，惊雷骤起，大雨如注，战场顿时化为一片泥潭。蒙哥马利只得命令英军停止进攻。按蒙哥马利的设想，这场大规模攻势将一举踏平德军防御工事，可结果是，英军虽损失了400多辆坦克，牺牲大量步兵，却只不过突入敌阵11公里，建立起一条很不稳固的狭长突出阵地。“赛马会”攻势没有取得成功。

尽管德军设法顶住了“赛马会”攻势，但这一攻势却使他们大为惊恐，并使希特勒及其最高统帅部终于相信，诺曼底登陆才是盟军的主要入侵行动。希特勒命令守卫加来海峡的训练有素的第15集团军25万名士兵立即投入诺曼底之战。

可是，由于塞纳河南岸大片地区内的交通线均遭破坏，第15集团军不得不花一个月的时间才能抵达诺曼底，为时实在太晚了。到7月5日，盟军百万大军已在诺曼底登陆上岸，而隆美尔方面投入战斗的人数尚不及此数之半。

“赛马会”攻势失利后，艾森豪威尔和其他盟军高级将领对蒙哥马利已失去信心。不过布莱德雷还是像布鲁克一样，对蒙氏的战略表示赞赏。

布鲁克是英国总参谋长，他指出，此时英国的第2集团军不仅牵制住了德军的大部分装甲部队，而且正极其迅速地将其歼灭，使德方根本来不及予以补充。

这时，英军正在从奥恩河至科蒙这条长64公里的战线上作战，美军的战线则由科豪向西绵延64公里，穿过科唐坦半岛至大海。德军在其防线上的两个重要突出部——科蒙和冈城，集结了大部分装甲力量和炮兵部队。尽管上述两条战线表面上处于僵持状态，但盟军实际上已占领了实施突破所必需的阵地。

六、闪电攻击

巴顿的闪电进攻将是“眼镜蛇”攻势的高潮。在“眼镜蛇”攻势的部署过程中，蒙哥马利加强了对冈城的牵制性攻击。

布莱德雷后来评论说：“我们不顾一切要使德国人相信，这场对冈城的进攻乃是盟军的一次主要攻势……在接下来的4个星期中，英军就肩负起牵制该战区占优势的敌军兵力的任务，而在此期间，为了美军的突破，我军频频调动，进入阵地，以迷惑敌人。在我们登陆后的第一个星期内，整个盟国世界一片鼓噪，纷纷要求发动闪电进攻，而英军却克制忍耐，心甘情愿地充当配角。”

7月间，战斗愈演愈烈，伤亡日见惨重，无论是美军战线或是英军战线都是这样；美军沿科唐坦半岛一步一步向南推进，逐渐进入了一片河流沼泽密布、行动更加困难的地域。不过到7月中旬，美军还是建立了一条可按计划实施打击的攻击线，从而确保盟军的坦克部队向欧洲腹地长驱直入。

这条成败攸关的战线从古城堡圣治一直延伸到西海岸。英军将扼守冈城作为策应，而自冈城到科唐坦海岸这条战线上的所有盟军部队，将沿此战线全面展开攻势，向东回旋。接着，盟军将兵分两路：一路向南发动强大攻势，直指卢瓦尔河畔的南特，以切断布列塔尼半岛及其岛上各港；同时另一路挥师向东，沿一条与卢瓦尔河相平行的路线迅速向巴黎南面的奥尔良隘口挺进。随后，盟军全线将迅速调转过来，向东面的塞纳河大举推进。

7月6日，美军猛将巴顿将军渡过海峡，进入盟军设在科唐坦半岛上伪装得很巧妙的临时营地，同时，他的第3集团军（不过这时还未授予此番号）的首批部队也开始在犹他海滩登陆，前线远在32公里之外，登陆部队未遭到任何抵抗和射击，也未遭到任何轰炸，甚至涉水湿足的也没有几个人。

巴顿告诉随军记者说：“我将从敌军的西部防线进行突破，然后兵分两路：一支装甲先头部队将拦腰切断布列塔尼半岛，直取布勒斯特；同时另一支装甲先头部队驰驱向东，准备围歼德第7集团军。”

巴顿想了一下又加了一句：“我准备在两星期后挥师出击，到11月11日我的生日那天，将赢得这场战争的胜利。”

巴顿是一位能使希特勒丧胆的将军。巴顿常常告诉他的部队，胜仗是用血和胆赢得的，因此，巴顿获得“血胆将军”的封号。

巴顿常常爱叼根雪茄在嘴里，腰间挂着两支象牙把柄的54口径手枪。虽然位居将军，但是他快人快语，口出粗言，形容词一大堆。在他的口里，德国人不叫敌人，而叫“杂种”。他曾在记者会上坦率地为他的角色和政策作过总结：“我们的任务是去杀人、俘虏和征服。”巴顿的坏脾气有好几次差点毁了他的事业，幸好盟军最高司令艾森豪威尔爱才，认为他无可替代，才救了他。1943 年，有一次巴顿去西西里岛的一家医院探望他的伤兵。巴顿看到一名伤兵没有明显的伤痕，认为他装病，就骂他是下流婊子养的，还打了他一记耳光。消息传到美国，引起轩然大波，国会要求撤换他。这个事件使他在即将举行的诺曼底反攻中，丧失了最高司令的机会。

可是谁也不能否认，巴顿是员猛将。

巴顿将军，最杰出的盟军将领，即将率领装备精良的第 3 集团军实施这场打击。该集团军是一支超机动化的装甲部队，德军根本无法与之匹敌。

就在“眼镜蛇”攻势开始之前，德军从冈城抽调了 2 个装甲师到美方战线上来，这样德军用以对付美军的兵力就增加到 9 个师——大多是由其他溃散部队的残兵败将拼凑起来的。尽管德军不断遭到盟军的大规模空袭，运输困难，但是他们在西线的兵力还是由 58 个师增加到 65 个师。

7 月 25 日，这场旨在为巴顿闪击部队迅猛突进而打开突破口的“眼镜蛇”攻势开始了。

盟军对圣洛西面一块长 8 公里、宽 2 公里的长方形敌军防御阵地实施大规模炮击，此外还出动大约 3000 架美国空军轰炸机，投掷了 4000 吨高爆炸弹、杀伤炸弹和凝固汽油弹。

据德军将领拜尔莱因说，美国飞机的轰炸使这一地区布满了巨大的弹坑，死亡笼罩着一切。拜尔莱因估计，阵地上的德军部队有 70% 丧失了战斗力，不是被炸伤、炸死，就是吓得神志不清、呆若木鸡。

这就为巴顿部队打开了突破口。

在通往突破口的路上和四周，是一片溪流沼泽密布、行动困难的乡间田野，3 个强悍的美军步兵师——经过非洲和西西里战役的劲旅，一路上且战且进。他们历尽艰苦，一步一步地夺得能使坦克部队列队展开的阵地。

在隆隆的坦克和小心翼翼的步兵向前推进时，美国空军第 9 航空队的战斗轰炸机为他们提供支援。坦克先头部队中设有目测监视哨，与随行低飞的轰炸机保持直接通话联系，而这些轰炸机则随时准备根据地面部队的指令，对各目标进行轰击。

7 月 27 日的战斗具有决定性的意义。德军退却了，库汤斯落入盟军之手。负责防守这条战线的德第 7 集团军开始后撤，而该军的撤退很快就演变成一场溃败。7 月 30 日，美军进入阿弗朗什，盟军终于成功地取得了突破。

现在，巴顿的任务是横扫布列塔尼半岛，攻占岛上各主要港口。

第 3 集团军沿着莱塞—库汤斯公路呼啸着向前挺进，争先恐后地涌过莱塞山隘，踏上路面良好的海滨公路，穿过库汤斯和阿弗朗什——第 3 集团军就这样闯过了进入法国心脏地区的大门。

此时，展现在美军面前的是：平坦宽阔的碎石公路，既无高山挡路，又无大河阻隔，真是再理想不过的装甲兵作战地域。看来美军尽可长驱直入，直扑德国边境。

巴顿率领整个集团军全速越过一条隘道，而这条隘道按照兵书来说，实在太窄，大军切忌冒险穿行。但是巴顿知道，德国空军几乎已被逐出蓝天，德军的大部分装甲部队也被牵制在其他战场上无法脱身。在这种情况下究竟该如何行动，也许巴顿比其他任何指挥官都更清楚：“假如我担心部队两翼的话，那我就根本无法打这一仗了。”

到 8 月 6 日，巴顿左右开弓，他的坦克部队已取得惊人的进展。向南方和东南方进击的部队猛攻克马延和拉瓦耳；而向西面推进的其他部队，已将德军赶出布列塔尼半岛的内陆，把他们堵死在半岛的各港口内。

布列塔尼的法国抵抗运动，显得特别可贵。他们不断骚扰退却中的德军，不让德军破坏那些可为美军利用的设施。

8 月 7 日凌晨，德军终于从勒芒开始发动反攻。希特勒的企图是：出动装甲部队进攻阿弗朗什，切断巴顿的补给线，然后挥师北上，击溃并消灭科唐坦半岛上的美军部队。可是他们立即遭到了美军的顽强抵抗。此时，凡是了解诺曼底灾难性局面的德军指挥官全都意识到，诺曼底之战已告失败，现在要做的唯一事情就是着手组织一场迅速而有条不紊的撤退，据守塞纳河，阻挡各路英美部队的集中进攻。

德军从驻守加来海峡沿岸的第15集团军新调来4个师，但是希特勒并不想用这支兵力掩护撤退，而是坚持要他们进攻阿弗朗什。阻挡德军猛攻的最初只有美军1个师，该师士兵坚决抵抗，直到盟军其他部队迅速赶来增援为止。

七、可怕的“屠宰场”

美第1集团军的强大部队从维尔紧逼过来，英第2集团军向孔戴发动进攻，巴顿派出一个整军经阿朗松向北驰往阿尔让唐，从南路猛扑德军。与此同时，加军奋力冲杀，终于开进长期争夺不下的法莱兹。德军反攻部队被紧紧压缩在法莱兹和莫尔坦之间一块狭窄的袋形地带内，处境岌岌可危，不久，盟军的大炮、轰炸机和战斗机就把这块袋形地带变成一个可怕的“屠宰场”。

巴顿事先就接到关于德方可能出动好几个装甲师发动进攻的报告，但他认为，这只是德军的虚张声势，其真实意图乃是要掩护撤退。不过，为了以防万一，他还是命令在圣伊莱尔附近的第80步兵师、第35步兵师和法国第2装甲师停止前进。接着又命令勒克莱尔率部在富惹尔集中，扼守重要的公路交叉点，以保卫第3集团军两翼的空隙地区。中午，乌云消散，发射火箭的“台风”式战斗机猛袭德军装甲部队。

一些德军装甲部队被“台风”式机群在狭窄小道内截住，尽遭覆灭。午后不久，德军按计划向阿弗朗什发动进攻，想要切断并粉碎巴顿的那支一往无前的部队，但是离出发地点还不到几公里，这场攻势就被遏制住了。不过，巴顿的部队也还是经历了好几个昼夜的艰苦混战，才得以继续向前推进。第3集团军采用的战术是，把部队编成若干坦克群，不顾一切地向前猛冲，一遇到敌人，立即集中火力猛击。整个战场混乱不堪，双方都不知道在何时何地会突然撞上对手。

8 月 13 日，美第 20 军仅遇一些零星分散的抵抗，于是巴顿一面命令主力部队向勒芒的东北方挺进，一面派出战斗支队夺路南下，进攻卢瓦尔河畔的翁热和南特。与此同时，海斯利普的第 15 军以美第 5 装甲师和法第 2 装甲师为前锋，驰驱北上，在正与英加部队拼命战斗的德军主力后方发起猛袭。

在粉碎德军反攻中起了主要作用的美第 1 集团军，正无情地扫荡着残留的德军突击部。布莱德雷和蒙哥马利决定发起全面总攻，加军从北面奋力推进，美第 1 集团军由西北面和西面步步紧逼，而美第 3 集团军的装甲部队和步兵部队则从正面大举北上。

加军部队和巴顿所属法、美先头部队，驻守着阿朗松—瑟埃—阿尔让唐一线，而德军东撤的唯一道路就是这两支部队之间的空隙地区。8 月 14 日凌晨，这块空隙地区已被压缩至 29 公里宽。德第 7 和第 5 集团军的密集装甲部队在英、加部队连续不断的进攻下，只得很缓慢地向后退却；对每一条江河细川，对每一道沟渠树篱，双方都要展开激烈的争夺。

德军拼命抵抗着英、美、加、法诸军的进攻，到 8 月 18 日，他们还是撑开了一道 13 公里宽的缺口，可是这时盟军作战飞机和大炮发挥了极其强大的威力，不久将这道缺口封死了。德军被紧紧逼入急剧收缩着的袋形阵地内，当他们沿着公路，穿越田野，拼命向东逃窜时，成千成千地被盟军打死。艾森豪威尔在谈到这场怵目惊心的大屠杀时说：“毫无疑问，法莱兹战场是战争领域内所曾出现过的最大的屠宰场之一。那一带的通道、公路和田野上，到处塞满了毁弃的武器装备以及人和牲畜的尸体，甚至要通过这个地区也极为困难。那道缺口闭合后 48 小时，人们领我步行通过该地区，我所见到的那幅景象，只有但丁能够加以描述。一口气走上几百米路，而脚全是踩在死人和腐烂的尸体上，这种情况确确实实是可悲的。”

在德军力图由缺口处逃命的那 6 天中，他们大约有 1 万人惨遭杀戮，此外还有 5 万人被俘。在从缺口逃出来的 2 万至 5 万名德军中，还有很多人没到塞纳河畔就被打死了。至此，德军主力遭到毁灭性打击。与此同时，被分割包围在其他地区的数千名德军，也缴械投降了。德军有8个步兵师和2个装甲师的人马，几乎是一个不漏地全部束手就擒。希特勒希望用来粉碎西线盟军的整个军队，已被彻底击溃。

至此，诺曼底战役陆上作战全部结束。

从此，各路盟军开始更大规模的进攻，矛头直指法国首都巴黎。

八、迎接盟军到来

诺曼底登陆成功后的盟军，在其精明的领导指挥下，乘胜作战，将大军推进到了塞纳河畔，此时，能否占领巴黎，就成了解放全法国的关键之所在，巴黎这座世界名城也便成了盟军与德国的争夺焦点。对进攻的盟军一方来说，解放巴黎，不仅意味着解放了法国，而且可以摧毁德军在西欧的一个重要战略据点，为踏上德国本土扫清道路。对于防御的德军一方来说，巴黎的失守，意味着西部防线的崩溃，这无疑将对负隅顽抗的德军产生极大的震慑作用。

如何能够击退驻守在巴黎的德军呢？这是一个令盟军指挥官伤脑筋的问题，指挥部里的高级将领们分析着来自地下组织、侦察队员等各方面关于德军的情报，从整体到局部进行着激烈的争论和探讨。早在1943年5月，美英两国领导人就已认识到，解放巴黎和收复法国国土，要尊重法国人的感情，让法国战斗部队参加盟军在法国的作战行动，这在政治上是很重要的。据此精神，盟国联合参谋长会议曾考虑让法国战斗部队派1个师的兵力参加盟军的突击部队。摩根将军甚至在1944年1月中旬讨论盟军占领巴黎计划时说："在最先进入巴黎的部队中应有法国人，这一点极为重要。"艾森豪威尔将军接受了这个建议，并答应从北非调来1个法国装甲师，在法国北部与美军协同作战。这样，由菲利普·勒克莱尔将军指挥的法军第2装甲师才得以同盟军一起在诺曼底登陆。然而，在盟军诺曼底登陆后的最初一段时间内，艾森豪威尔未就攻占巴黎问题做出最后决定，他最初只是打算绕过巴黎，先在其他地方进攻敌人，孤立驻守巴黎的德军，以便尽可能不在解决该市的问题上耽误时间。

前线上的战斗风云变幻莫测，而与此同时，在法国本土上，抵抗法西斯统治运动的力量也得到空前的发展，就在盟军诺曼底登陆时，法国国内武装力量总数达到50万人。其中法国共产党是国内抵抗运动的中坚力量，它不仅积极参加抗德斗争，而且组织和宣传群众，领导法国人民举行武装起义。在6月6日盟军开始诺曼底登陆的当天，法共发表了《告人民书》，在人民群众中引起广泛的反响，法国爱国人士纷纷揭竿而起，积极投入起义的洪流。截至1944年7月中旬，起义遍及40个省份。他们配合盟军登陆，破坏德军运输线，炸毁敌人军火库，瓦解敌军后方，消灭占领军。据德国占领军报告，仅在1944年6月6日至7月4日期间，法国起义者就消灭德军7900人。到8月份，法国南部、西南部、西北部和中部的许多省份已获得解放。如果不是法国民族解放委员会和盟军最高司令部的个别领导人一再限制武装斗争的规模，以避免“无谓牺牲”，那么，抵抗运动的作战行动会取得更大成效。

巴黎形势也和法国各地形势一样，出现了可喜的变化。巴黎及其近郊的抵抗组织在巴黎地区的法国内地军司令、共产党员唐居伊上校的统一指挥下，积极开展武装斗争，不断袭击德国占领军的运输车辆和仓库，破坏供电网和电话线。仅6月，他们就进行了93次作战行动。特别是在7月14日这个历史上攻占巴士底狱的重要纪念日，巴黎解放委员会号召全体巴黎市民，参加大规模的反德示威游行。在这一天，尽管维希政府和德国占领当局明令禁止罢工、集会，但是仍有10万人上街游行，实属难能可贵。

当时巴黎城的德军多达2万人，其中1.5万人防守城郊的环形防线，5000人驻守在城内。他们装备有80辆坦克、60门火炮和60架飞机。8月7日，希特勒撤销了连格弗尔德将军的巴黎城防司令职务，原因是他与7月20日的暗杀事件有牵连，改由冯·肖尔蒂茨将军接任此职。新的城防司令权限比其前任有所扩大，他对希特勒直接负责，主管德国在巴黎的党政军一切大权。为了固守巴黎，肖尔蒂茨采取了一些临时防御措施：把安全部队部署在巴黎的西部和南部，在市区内部署1个机动营。把司令部的工作人员编成“警戒部队”，在交通要道设一些路卡，把一些妇女改编为护士。更有甚者，他把守备部队分别部署在36个支撑点上，准备依托有利地形，阻止盟军的进攻。有意思的是，这位希特勒忠实的纳粹分子却担心死守巴黎城有可能使闻名世界的古城变成一堆废墟，那么比起他作为纳粹分子涂炭生灵的行径更有罪过，然而弃之逃跑，希特勒肯定不会放过他。鉴于这种情况，他请示约德尔该如何办，后者坚持要他守住巴黎。后来，肖尔蒂茨又请示尚未离职的B集团军群参谋长斯派达尔，斯派达尔告诉他，B集团军群指挥部希望他对巴黎不要做出戏剧性的决定。在这种情况下，肖尔蒂茨玩起了一面布防、一面谈判的拖延战术，以静观战局变化。

8月19日，是值得纪念的一天，巴黎民族解放委员会发起了起义的号召，驻巴黎地区的内地军总指挥唐居伊上校下令武装起义开始。8时，2000名警察首先占领了警察局，逮捕了局长。接着，起义者占领了市政厅、公共大楼和印刷厂。不久，戴高乐派驻巴黎的法国抵抗运动临时代表亚历山大·帕罗迪接管了公共工程部、殖民部、供给部、司法和情报部等部门的权力。

这天的下午，法国抵抗运动的个别领导人，在事先得到巴黎民族解放委员会和内地军指挥部同意的情况下，就同巴黎的德军城防司令肖尔蒂茨进行停战谈判，并达成暂时协议。帕罗迪还向巴黎市民指出：“敌人昨天还拒不承认我们的内地军，现已要求停战……每个人都要坚守岗位，执行命令……战斗仍在继续。”8月20日，法国共产党、巴黎地区工会联合会、民族阵线、内地军等表示反对缔结停战协定。由于巴黎爱国力量的联合行动，他们陆续攻占了火车站、电台和报社，并占领了政府各部和银行的大楼。是日，唐居伊派代表前往美军驻地会见巴顿将军，向他介绍了巴黎的处境，要求立即派兵支援。

巴黎的解放已指日可待，日益盼望着盟军开进城的巴黎市民，不断地举行各式各样反法西斯迎盟军的活动。唐居伊下令要无情地打击敌人。此时，起义规模日益扩大，爱国志士在市内和通往市区的主要道路上筑起了层层街垒和路障。当天晚上，巴黎市区及市郊的 3/4 区域获得解放。

与此同时，巴顿将军指挥的第 3 集团军先头部队占领了巴黎以南 30 公里处的利穆尔和阿巴永。美军曾设想对巴黎实施钳形包围，让位于右翼的巴顿集团军从东西迂回包围巴黎，左翼穿过塞纳河抵达芒特，两翼部队在巴黎以北会师。然而，已从阿尔及尔到达法国瑟堡的戴高乐函告艾森豪威尔将军说，他很担心巴黎的警察部队和德军撤离，市内的食品供应发生危机，巴黎因此会出现骚乱。他认为："确实需要由法军和盟军尽快占领巴黎，即使市区内的战斗会造成一些破坏也要去占领。"他警告说，如果发生骚乱，以后处理事情时很难不发生可能最终妨碍军事行动的严重事件。他提名柯尼希将军担任巴黎军事管制政府总督，以便在艾森豪威尔将军决定立即前进时与他商议占领的问题。艾森豪威尔将军在与柯尼希将军谈话后说："现在看来我们将不得不进入巴黎。布莱德雷和他的情报处长都认为我们能够而且必须开进城去。"

在盟军的高级指挥部，艾森豪威尔将军望一眼地图，又来回地走来走去，在他的面前堆放着来自前线部队的材料，几乎所有的官兵都一致要求进入巴黎，因为进入巴黎这座世界名城无疑是一件至高无上的荣誉，直接派兵进巴黎是一定的，然而，哪支部队进入巴黎更加合适呢？其中呼声最高的是勒克莱尔指挥的法军第 2 装甲师。该师于 8 月 1 日随盟军在法国西北部登陆后，被编入巴顿的第 3 集团军第 15 军，参加了对法莱兹的包围，并在尚布瓦与波兰军队会合。这时，第 15 军的 2 个师奉命向德勒推进。戴高乐命令勒克莱尔的第 2 装甲师迅速向巴黎靠近，于是后者便向巴顿提出了要求，未获得批准。这样，勒克莱尔便于 8 月 16 日率部离开了美国第 3 集团军，加入美国第 1 集团军，被编入第 5 军。接着，戴高乐又指示这支法国部队，不管美国人同意与否，都要立即向巴黎推进。8 月 21 日，法军第 2 装甲师仍位于阿让唐地区，与美军先头部队相距约 100 公里，勒克莱尔命令部队全速前进，如果艾森豪威尔不同意直接进入巴黎，他也要把离巴黎最近的部队留在那里。由于这个原因，主要还是为了照顾法国人的感情，艾森豪威尔将军只好批准由法军第 2 装甲师进入巴黎。这道命令是 8 月 22 日由布莱德雷传达的。没过多久，美军第 4 师也同时接到命令，沿法国首都南部前进，以夺取巴黎以南的塞纳河诸渡口，并占领南面和东南面的阵地。

■ 巴黎市民迎接盟军到来

8 月 23 日 6 时 30 分，北路的勒克莱尔部队作为主力开始向巴黎进发，并配备有 1 支英国小分队、1 个美国骑兵侦察组、1 个美军工兵小组和美军第 5 军的炮兵。在南路进攻的是美军第 5 军司令部、美军第 4 师，并配备有 2 个反坦克炮兵营和 2 个重型坦克营。盟军在向巴黎进军的路上未遇到德军的有力抵抗。8 月 24 日傍晚，法军第 2 装甲师和美军第 4 师开进巴黎。8 月 25 日晨，法军向肖尔蒂茨发出最后通牒，遭到拒绝后，法军于下午 1 时向德军指挥部发起攻击，迅速消灭了敌人的有生力量。下午 3 时，摧毁了德军指挥部，活捉了肖尔蒂茨，并将其带到警察局。在那里，肖尔蒂茨代表德军守备部队正式向勒克莱尔将军和唐居伊上校无条件投降，巴黎遂告解放。此次战斗，法军伤亡 2356 人，市民伤亡 2408 人，法军第 2 装甲师伤亡 628 人；德国占领军亡 3200 人，伤 4911 人。

8 月 25 日，巴黎市民早早地打开窗户迎接新时期的到来，人们在门窗上、大街上插满了随风舞动的法国国旗，喜悦的人们四处奔走相告："法兰西万岁！"戴高乐作为法兰西共和国临时政府首脑，与法军第 2 装甲师一起进入巴黎，并在国防部大厦设立了指挥部。事先，关于戴高乐能否按时进入巴黎的问题，英美两国政府官员曾有不同意见。有一种想法是把戴高乐进巴黎的时间推迟到能达成某种协议之后。但是，戴高乐清醒地认识到，任何阻止他进入巴黎的企图都是对他控制法国局势的反对，是对他的权威的否定。因此，他认为在这个大是大非问题上没有妥协的余地。于是，戴高乐在 8 月中旬通知艾森豪威尔将军，他打算从阿尔及尔到法国。在戴

■ 戴高乐将军回到解放的巴黎

高乐的一再坚持下，盟军远征军最高司令部友好地建议他乘坐美国飞机并在伦敦降落，然后再飞往法国。敏感的戴高乐怀疑这种做法是不想让他进入法国，而并不是一项保护他的专机免遭袭击的措施。于是，他力争要乘自己的座机出发，分别在瑟堡和雷恩着陆。艾森豪威尔将军警告说，盟军的高炮部队很有可能识别不了戴高乐所乘坐的那架飞机，并声明为他的安全承担责任。在这种情况下，戴高乐不得不按捺住自己急切的归国心情，将登陆法国的计划推迟了一天，8 月 18 日，戴高乐乘机安全抵达瑟堡，并及时赶上了法军第 2 装甲师，于 8 月 25 日进入巴黎。

回到自己祖国的戴高乐将军，在法国首都巴黎举行了规模宏大、气氛热烈的阅兵仪式，从形式上宣告了他对巴黎的领导。但是，美军第 5 军军长伦纳德 · 杰罗将军不同意这样做，理由是担心刚刚解放了的巴黎还不安全。然而，戴高乐还是决定去接见群众，不让等候在市政厅外的广大群众失望。在去市政厅的路上，他首先到了警察局，检阅了在巴黎起义中立功的警察部队，然后在市政厅的一个阳台上接见了拥护他的广大市民，随后又接见了各抵抗运动组织的领导人。8 月 27 日，德高望重的艾森豪威尔将军满身戎装，在热情的巴黎市民的欢迎下检阅了驻扎在巴黎的军队。在访问期间，艾森豪威尔考虑到巴黎目前的形势，同意戴高乐和布莱德雷将军一起检阅部队。为了显示力量，艾森豪威尔还决定让开赴法国东北前线的美军第 28 师列队通过巴黎，接受戴高乐和布莱德雷的检阅。

■ 盟军坦克兵经过巴黎凯旋门广场

胜利的法国人民扬眉吐气，8 月 29 日这一天，胜利后的法国人民在凯旋门至圣母院的大街上举行了隆重的阅兵式，以庆祝胜利的到来。法军第 2 装甲师和美军第 28 师先后列队通过，接受了戴高乐和布莱德雷的检阅。美军第 28 师当晚就离开巴黎开赴前线，而法军第 2 装甲师则按戴高乐的要求留在巴黎维持战后的治安。

9 月 3 日，戴高乐要求把勒克莱尔的第 2 装甲师派往法国东面，因为首都已恢复秩序和平静，然而战争还没有结束，法国的部队还必须积极投身于对德作战。因此，从 9 月 8 日开始，这支优秀部队又重新回到巴顿的第 3 集团军第 15 军，继续同英美军一起并肩作战。

至此，诺曼底登陆战以盟军的胜利而告终。解放巴黎后，盟军乘胜追击，直捣“纳粹”德国腹地，不可一世的希特勒低下了他那曾“高贵”的头颅，德国法西斯的末日即将来临。